公務員試験
過去問攻略Vテキスト ⑤

TAC公務員講座 編

労働法

TAC出版
TAC PUBLISHING Group

●── はしがき

本シリーズのねらい──「過去問」の徹底分析による効率的な学習を可能にする

　<u>合格したければ「過去問」にあたれ。</u>
　あたりまえに思えるこの言葉の，ほんとうの意味を理解している人は，じつは少ないのかもしれません。過去問は，なんとなく目を通して安心してしまうものではなく，徹底的に分析されなくてはならないのです。とにかく数多くの問題にあたり，自力で解答していくうちに，ある分野は繰り返し出題され，ある分野はほとんど出題されないことに気づくはずです。ここまできて初めて，「過去問」にあたれ，という言葉が自分のものにできたといえるのではないでしょうか。
　頻出分野が把握できたなら，もう合格への道筋の半分まで到達したといっても過言ではありません。時間を効率よく使ってどの分野からマスターしていくのか，計画と戦略が立てられるはずです。

　とはいえ，教養試験も含めると20以上の科目を学習する必要がある公務員試験では，過去問にあたれといっても時間が足りない，というのが事実ではないでしょうか。
　そこでTAC公務員講座では，みなさんに代わり全力を挙げて，<u>「過去問」を徹底分析し，この『過去問攻略Vテキスト』シリーズにまとめあげました。</u>
　<u>網羅的で平板な解説を避け，不必要な分野は思いきって削り，重要な論点に絞って厳選収録しています。また，図表を使ってわかりやすく整理されていますので，初学者でも知識のインプット・アウトプットが容易にできます。</u>

　『過去問攻略Vテキスト』の一冊一冊には，"無駄なく勉強してぜったい合格してほしい"という，講師・スタッフの思いが込められています。公務員試験は長く孤独な戦いではありません。本書を通して，みなさんと私たちは合格への道を一緒に歩んでいくことができるのです。そのことを忘れないでください。そして，必ずや合格できることを心から信じています。

2019年10月　TAC公務員講座

※本書は，既刊書『公務員Vテキスト5　労働法』の本文レイアウトを刷新し，『公務員試験　過去問攻略Vテキスト5　労働法』とタイトルを改めたものです。

●──〈労働法〉はしがき

1　労働法の特性や配慮

　労働法は，個別的労働関係と団体的労働関係を規律する法です。ところで，民法には，雇用の規定（民法623条～631条）が定められていますが，形式的平等を前提とする市民法下では，真に自由かつ対等な労働関係の展開は実際には使用者の圧倒的な経済的優位性から，ほとんど実現できませんでした。そこで，真に自由かつ対等な労働関係の展開を実現させるために，市民法の修正という形で登場したのが労働法です。労働法の法的根拠となっているのは，憲法25条の生存権，27条の勤労権，28条の労働基本権です。このような労働法生成の背景から，個別的労働関係では労働基準法，労働契約法が，団体的労働関係では労働組合法が主として適用され，雇傭の規定等の市民法は原則として適用されません。しかし，労働基準法等で規定されていない分野については，市民法が適用され得ることもあるので，労働法が市民法を修正するものであるという特性に配慮するばかりでなく，市民法が適用される分野があることにも配慮してください。

　労働法の法源としては，労働基準法・労働契約法・労働組合法がメインですが，労働関係の分野では，他の法領域に比べて自主的な規範が見られます（例えば，就業規則・労働協約・労使慣行）。また，市民法（民法）が適用される場合でも，その結果不都合が生じるものについては，一般条項により解釈されているものが見られます（例えば，配転命令権の濫用）。したがって，これらの特性があることも頭の片隅に入れておいてください。

2　労働法の学習方法

　労働法は，公務員試験では，労働基準法，労働契約法および労働組合法等から出題されるのが通常ですが，その他の労働法の分野から出題される場合もあります。公務員試験で問われているのは，**重要な条文と重要な判例の理解**です。

　さて，このような労働法の出題に見合った学習方法ですが，他の法律科目と同様に，労働法の全体像をひととおり把握したうえで，出題可能性の高いとされる分野に焦点を絞り込み，勉強すればよいでしょう。

　本書は，令和元年4月1日を執筆基準日として加筆・修正を行っています。

TAC公務員講座

本 書 の 構 成

●本文は, ポイントを絞った内容で, わかりやすく解説しています。

(↓図はいずれもサンプル頁です)

●頻出度合を, 重要度として提示しました。白星の数が多いほど, 重要な分野となります。

●学習する上での一言アドバイスです。

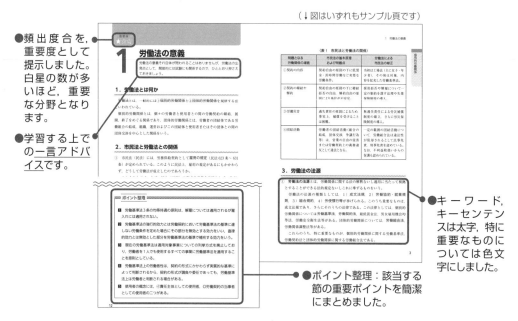

●ポイント整理：該当する節の重要ポイントを簡潔にまとめました。

●キーワード, キーセンテンスは太字, 特に重要なものについては色文字にしました。

●過去問ベースの Exercise で, 学習内容をチェックしましょう。

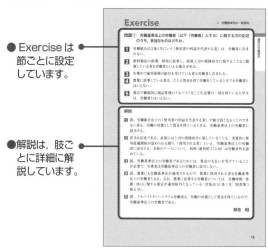

● Exercise は節ごとに設定しています。

●解説は, 肢ごとに詳細に解説しています。

※本書中, 法律名を以下のとおり略記することがあります。

労働基準法	→労基法
労働組合法	→労組法
労働契約法	→労契法
労働関係調整法	→労調法
最低賃金法	→最賃法
労働者派遣法	→派遣法
男女雇用機会均等法	→均等法
パートタイム・有期雇用労働法	→パート有機労働法

目 次

第1章

個別的労働関係

本章では，労働基準法を中心に，使用者と労働者との間の個々の労働契約に対する規制について学習します。内容は多岐にわたりますが，原則−例外の関係を把握してください。

重要度

★☆☆

1 労働法の意義

労働法の意義それ自体が問われることはありませんが，労働法の出発点として，間接的には試験にも関係するので，ひととおり押さえておきましょう。

1．労働法とは何か

　労働法とは，一般的には①個別的労働関係と②団体的労働関係を規律する法といわれている。

　個別的労働関係とは，個々の労働者と使用者との間の労働契約の締結，展開，終了をめぐる関係であり，団体的労働関係とは，労働者の団結体である労働組合の結成，組織，運営およびこの団結体と使用者またはその団体との間の団体交渉を中心とした関係をいう。

2．市民法と労働法との関係

① 　市民法（民法）には，労務供給契約として**雇用の規定**（民法623条〜631条）が定められている。このように民法上，雇用の規定があるにもかかわらず，どうして労働法が成立したのであろうか。

　　これをひと言でいえば，民法（雇用）は形式的平等を前提としているが，現実には使用者の圧倒的な経済的優位性から，労働者に酷な契約が結ばれ労働者の人間性を損なうおそれがあるからである。

② 　以上のことをやや詳しく整理したのが次の表である。ちなみに，市民法の基本原理とは一般的には，1）所有権絶対の原則，2）契約自由の原則，3）過失責任の原則をいう。

〈表1　市民法と労働法の関係〉

問題となる労働関係の場面	市民法の基本原理および問題点	労働法による市民法の修正
①契約の内容	契約自由の原則の下に低賃金・長時間労働など劣悪な労働条件。	当初は工場法（主に女子・年少者），その後は対象，内容を拡充した労働基準法。
②契約の締結や解約	契約自由の原則の下に締結拒否の自由，解約自由の原則により地位が不安定。	採用拒否や解雇について一定の制約を課す法理や失業保険制度の導入。
③労働災害	過失責任の原則によるため，事実上，補償を受けることは困難。	無過失責任による労災補償制度の確立，さらに労災保険制度の導入。
④団結活動	労働者の団結活動（組合の結成，団体交渉，争議行為等）は，営業の自由の侵害または労働契約上の義務違反として違法となる。	一定の範囲の団結活動について，労働組合法は違法性が阻却されるとして民事免責，刑事免責を認めている。なお，不利益取扱いからの保護も認められている。

3．労働法の法源

① **労働法の法源**とは，労働関係に関する法の解釈ないし適用に当たって根拠とすることができる法的規定ないしこれに準ずるものをいう。

　労働法の法源の種類としては，1）**成文法規**，2）**労働協約・就業規則**，3）**組合規約**，4）**労使慣行等**が挙げられる。このうち重要なものは，成文法規であり，さらにそのうちの法律である。この法律としては，個別的労働関係については**労働基準法**，**労働契約法**，最低賃金法，男女雇用機会均等法，労働安全衛生法等がある。団体的労働関係については，**労働組合法**，労働関係調整法等がある。

　これらのうち，特に重要なものが，個別的労働関係に関する労働基準法，労働契約法と団体的労働関係に関する労働組合法である。

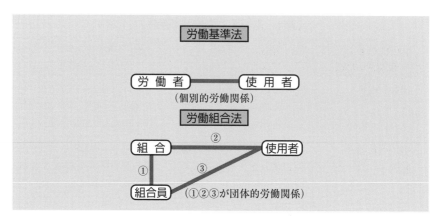

〈図1　労働基準法と労働組合法の適用場面〉

②　先に述べたように試験対策として重要な法源は，労働基準法・労働契約法・労働組合法であるが，そのほかにも選択肢の一つとして知識を問われる法律がある。

　以下はそれらの法律名および簡単な内容をまとめたものである。

〈表2　法律とその内容〉

①労働関係調整法 （昭和21年施行）	行政機関が労働争議の調整を行う手続きを定めている。
②労働基準法 （昭和22年施行）	主に労働条件の最低基準を定めて，労働者の保護を図っている。
③労働者災害補償保険法 （昭和22年施行）	労働基準法の補償責任規定が無意味にならないように，保険制度を定めている。
④労働組合法 （昭和24年施行）	労使の実質的対等を確保することを目的として，労働組合の要件，労働協約の効力，不当労働行為制度等を定めている。
⑤最低賃金法 （昭和34年施行）	賃金の重要性に鑑み，契約の自由を制約し，法律によって一定額以上を労働者に支払うことを定めている。
⑥労働安全衛生法 （昭和47年施行）	労働基準法と相まって，職場における労働者の安全と健康を確保するための条件等を定めている。

⑦男女雇用機会均等法 （昭和60年施行）	雇用の分野における男女の均等な機会および待遇の確保および女子労働者の職業能力の開発等を目的としている。
⑧労働者派遣法 （昭和61年施行）	派遣労働者の就業に関する条件の整備を図ることなどを目的として，そのための条件等を定めている。
⑨育児・介護休業法 （平成4年施行）	子の養育または家族の介護を行う労働者の雇用の継続を促進することを目的としている。
⑩パートタイム・有期雇用労働法 1) （平成5年施行）	パートタイム労働者および有期雇用労働者の雇用管理の改善を図るため，事業主および国・都道府県等に一定の任務を課している。
⑪労働契約法 （平成20年施行）	労働契約の基本理念・共通原則や，労働契約の内容の決定・変更，労働契約の終了に関する基本的なルールを一つの体系にまとめている。

※⑦以下は略称であり，正式名称はそれぞれ次のとおりである。

　⑦雇用の分野における男女の均等な機会及び待遇の確保等に関する法律

　⑧労働者派遣事業の適正な運営の確保及び派遣労働者の保護等に関する法律

　⑨育児休業，介護休業等育児又は家族介護を行う労働者の福祉に関する法律

　⑩短時間労働者及び有期雇用労働者の雇用管理の改善等に関する法律

ポイント整理

1 労働法は，市民法原理を修正するものであるが，その憲法上の根拠は，25条の生存権，27条の勤労権，28条の労働基本権に求められる。

2 労働法の法源として労働基準法，労働契約法，労働組合法等があるが，それらで規定されていない分野については，市民法（民法）が適用される。

3 労働条件とは，賃金，仕事の内容，労働時間などをいう。

1）従来は「パートタイム労働法」（短時間労働者の雇用管理の改善等に関する法律）であったが，平成30年成立の法改正に伴い，有期雇用労働者（契約社員，嘱託社員等）も適用対象に含めることにした結果，令和2年4月より法律名が変更されることになった。

2 労働基準法の一般原則

ここで学習するのは，労働基準法の総論に当たる部分です。労働基準法の適用範囲は少し複雑ですが，試験に出やすい分野なので手を抜かずに勉強しましょう。

1．労働憲章

　労働者の労働関係における基本的人権の保障を図るため，労働基準法の冒頭の7か条に定められているものが，労働憲章と呼ばれるものである。労働条件の根本原則に関する規定と，労働者の自由の保障に関する規定に大別される。

（1）労働条件の根本原則に関する規定
① 労働関係の基本理念
　以下の二つは労働関係の理念を示した指針であり，罰則等により強制されるものではない（訓示規定という）。
　1）労働者が人たるに値する生活の保障・労働条件の維持向上を図ること（労基法1条）
　2）労働条件は労働者と使用者が対等の立場で決定すべきこと（労使対等決定の原則，同2条）

② 労働条件の基本原則
　1）均等待遇の原則
　　使用者は，労働者の国籍，信条または社会的身分を理由として，賃金，労働時間その他の労働条件について差別的取扱いをしてはならない（同3条）。ここにいう「労働条件」には**解雇も含む**が，本条は採用後の待遇の問題であるから，**採用決定（雇入れ）は含まない**（三菱樹脂事件判決，最大判昭48.12.12）。
　　なお，「信条」は政治的信条も含むが，信条に基づく具体的言動が企業の生産を現実に阻害したり，その危険を生じたりした場合には，そのことを理由とする解雇は許される（最判昭30.11.22）。

2）男女同一賃金の原則

　　使用者は，労働者が女性であることを理由として，賃金について男性と比べて差別的取扱いをしてはならない（同4条）。

　　本条が禁止するのは賃金に関してだけであるが，配置・昇進・定年・解雇等に関しては男女雇用機会均等法が禁止規定を設けている（第9節参照）。また，それ以外の分野についても，公序良俗違反（民法90条）として差別的取扱いが無効とされることもある。男女雇用機会均等法制定以前に，男女別定年制を無効とした判例もある（日産自動車事件，最判昭56.3.24）。

（2）労働者の自由の保障に関する規定

①　強制労働の禁止

　使用者は，暴行，脅迫，監禁その他精神または身体の自由を不当に拘束する手段によって，労働者の意思に反して労働を強制してはならない（労基法5条）。

②　中間搾取の排除

　中間搾取とは，他人の就業に介入して利益を得る（就職を周旋して紹介料などを受け取る）ことをいい，これを「業として」（営利目的で・反復的に）行うことは原則として禁じられる（同6条）。

　ただしこれには法律の規定による例外も認められ，職業安定法に基づく有料職業紹介がこれに当たる。また，労働者派遣法による労働者派遣事業は，労働者が派遣先企業と労働契約を締結しないので中間搾取には当たらないとされる。

③　公民権行使の保障

　使用者は，労働者が労働時間中に，選挙権その他公民としての権利を行使し，または公の職務を執行するために必要な時間を請求した場合には，これを拒んではならない（同7条）。

　1）「公民としての権利」には，選挙権行使のほか，公職への立候補も含むが，立候補者の選挙活動の応援や，訴権の行使（訴訟を行うこと）は含まない。「公の職務」とは各種議会の議員，公的な委員，裁判員，裁判所の

証人等としての職務を指す。

2）本条の趣旨から，従業員が会社の承認を得ないで公職に就任した場合には懲戒解雇とするとの就業規則の規定は無効とされる（最判昭38.6.21）。

ただし，公職への就任により業務の遂行が困難となる場合に普通解雇とすることは許される場合もある。また，就業しなかった時間について無給とすることは差し支えない。

3）使用者は，公民権行使等の妨げとならない場合には，請求された時刻の変更ができる（同条但書）。

2．労働基準法の実効性の確保

（1）意　義

労働基準法は，労働条件に関し使用者が遵守すべき最低限の基準を定めている。そこで，当事者が労働基準法の定めに違反した場合には，次のような形で労働基準法の実効性の確保が図られる。

（2）実効性確保の各手段

①　罰　則

法律上の義務に違反した使用者あるいは事業者等に対して刑罰を科すことにより，違反の予防を図ろうとしている（労基法117条〜121条）。

ただし，労働基準法の規定の多くに罰則が設けられているものの，すべての規定が罰則を伴うわけではない（同1条・2条等）。また，処罰の対象となるのは第一には直接の違反行為者であるが，直接行為者が「事業主のために行為した代理人，使用人その他の従業者」である場合には，直接行為者に加えて事業主（法人等）にも罰金刑が科される[2]（同121条1項）。これを**両罰規定**という。

2）事業主（事業主が法人である場合にはその代表者）が違反の防止に必要な措置をした場合には，罰金刑が科されないという例外がある（労基法121条1項但書）。

② **強行的効力・直律的効力**

強行的効力とは，労働基準法 13 条前段の「この法律で定める基準に達しない労働条件を定める労働契約は，その部分については**無効**とする」ということを意味する。ここで注意を要するのは，労働契約のうち労働基準法未満の部分について無効（**部分的無効**）となるだけであり，また，詐欺（民法 96 条）などに当たらない限り，労働契約自体の取消権が発生するものではない点である。

直律的効力とは，労働基準法 13 条後段の「この場合において，無効となった部分は，この**法律で定める基準**による」ということである。

〈図 2　労働基準法に違反する労働契約〉

③ **労働基準監督制度**

労働基準法等の遵守を監督し，違反の予防を図り，違反行為に対する適切かつ迅速な処置をとるための監督制度をいう（労基法 97 条〜 105 条）。

④ **付加金の支払い**

使用者が，解雇予告手当（同 20 条），休業手当（同 26 条），もしくは時間外・休日・深夜業の割増賃金（同 37 条）の支払義務に違反した場合，または年次有給休暇日の賃金（同 39 条 9 項）を支払わなかった場合に，裁判所が，労働者の請求により，それらの未払金のほか，その未払金と同一額の支払いを**付加金**として命じることができる（同 114 条）。

3．労働基準法の適用範囲

（1）適用事業

平成 10 年改正前労働基準法 8 条は，適用対象事業を列挙していたが，従来から選挙事務所（一時的な必要に応じるにすぎないため）を除くほぼすべての

事業（事業または事務所のこと[3]）に適用されると解されていた。そこでこの点を明らかにするため，平成10年に旧8条を削除し，列挙方式を廃止したという経緯がある[4]。したがって，**事業の種類を問わず，労働者を1人でも使用する場合**には労働基準法が適用されることが明確化された。

　もっとも，旧8条但書は同居の親族のみを使用する事業および家事使用人を労働基準法の適用除外としていたが，この点については内容に変更のないまま規定が労働基準法116条2項に移されている。

（2）適用除外

　労働基準法の適用対象となる事業に当たる場合でも，種々の理由により，次の者には労働基準法が適用されない。

① **同居の親族のみを使用する事業および家事使用人**（労基法116条2項）。
② 船員法の適用を受ける船員については，労働基準法の一部（同1条〜11条，117条〜119条，121条）のみ適用される（同116条1項）。
③ 国家公務員のうち一般職の者（国家公務員法附則16条）。
④ 地方公務員のうち一般職の者には，労働基準法の一部（例えば，労基法2条，24条1項等）が適用されない（地方公務員法58条3項）。

　なお，労働契約法では，同居の親族のみを使用する場合の労働契約（労契法22条2項），国家公務員・地方公務員（同22条1項）につき，同法が適用されず，船員法の適用を受ける船員（同21条）につき，同法の一部が適用されない。

（3）労働基準法上の労働者

　労働基準法の適用対象となる労働者とは，1）**職業の種類を問わず**，事業（事業または事務所）に，2）**使用される者**で，3）賃金を支払われる者をいう（労基法9条）。

① 「使用される」とは，契約の形態や，契約期間・時間の長短ではなく，実質的に使用者と使用従属関係にあるか否かにより決定される。

3）労働基準法では「事業または事務所」のことを，まとめて「事業」と定義している（労基法9条括弧書）。　　4）なお，労働時間等については事業の種類により規制内容に違いを設けているため，旧8条の業種区分自体は法の別表として存続させた。

１）正社員に限らず，アルバイト・パートタイム労働者・派遣労働者等も労働者に該当する。

２）「雇用」ではなく「委任」「請負」等の契約形式が採られても，実質的に使用従属関係があれば労働者に該当する。具体的には，仕事の依頼に対する諾否の自由の有無・拘束の程度・報酬の性格等から決定する。

労働者に当たるとされた具体例としては，LP ガス（プロパンガス）ボンベの配送・保安点検者（東京地判平 25.10.24），映画製作における撮影技師（東京高判平 14.7.11）等，否定された例としては証券会社の外務員（大阪地決平 7.6.19）等がある。

> [判例] **労働基準法上の労働者性**　　　　（横浜南労基署長事件，最判平 8.11.28）
> 　自己の所有するトラックを持ち込んで A 社の製品の運送業務に従事していた運転手 B は，自己の危険と計算の下に業務に従事していたうえ，A 社は，運送という業務の性質上当然に必要とされる運送物品，運送先および納入時刻の指示をしていた以外には，運転手 B の業務の遂行に関し特段の指揮監督を行っておらず，時間的，場所的な拘束の程度も，一般の従業員と比較してはるかに緩やかであった。このような事実関係の下では，運転手 B が，専属的に A 社の製品の運送業務に携わっており，A 社の運送係の指示を拒否できず，毎日の始業時刻および終業時刻は，A 社の運送係の指示内容によって事実上決定され，その報酬は，トラック協会が定める運賃表による運送料よりも 1 割 5 分低い額とされていたなどの事情を考慮しても，運転手 B は，労働基準法上の労働者に当たらない。

②　労働基準法は労働条件を規制するものであるから，「使用される」ことが要件となっている。これに対して，労働組合法も労働者の定義を置いている（労組法 3 条）が，これは労働組合の構成員となりうる者であるから，観点が異なる。

したがって，両者は必ずしも一致せず，**失業者は労働組合法上の労働者には該当するが，労働基準法上の労働者には該当しない**（第 2 章第 1 節参照）。

なお，労働契約法における「労働者」とは，「使用者に使用されて労働し，賃金を支払われる者」とされ（労契法 2 条 1 項），労働基準法 9 条の「労働者」の判断と同様の考え方である。

（4）労働基準法上の使用者

　労働基準法は，①事業主（個人企業の場合には企業主個人，法人組織の場合には法人），②事業の経営担当者（法人の理事，株式会社の取締役等），③事業主のために行為する者（工場長，部長，課長，係長等）を使用者として挙げている（労基法10条）。これらの者は，**労働基準法上の責任主体**となる。

　ここでは，i）課長や係長は労働基準法上の労働者であると同時に，責任主体としての使用者としての側面を有する点，また，ii）第3節で述べる労働契約の当事者としての使用者と，ここで問題にしている使用者とは，観点が違うことに注意を要する。

　なお，労働契約法における「使用者」とは，「その使用する労働者に対して賃金を支払う者」とされ（労契法2条2項），個人事業主または法人自体が該当する。そのため，労働基準法10条の「事業主」に相当するものであり，同条の「使用者」より狭い概念である。

ポイント整理

1　労働基準法3条の均等待遇の原則は，解雇については適用されるが雇入れには適用されない。

2　労働基準法の強行的効力とは労働契約において労働基準法の基準に達しない労働条件を定めた場合にその部分を無効とする効力をいい，直律的効力とは無効とした部分を労働基準法の基準で補充する効力をいう。

3　現在の労働基準法は適用対象事業についての列挙方式を廃止しており，労働者を1人でも使用するすべての事業に労働基準法を適用することを原則としている。

4　労働基準法上の労働者性は，契約の形式にかかわらず実質的な基準によって判断されるから，契約の形式が請負や委任であっても，労働基準法上は労働者と判断される場合がある。

5　使用者の概念には，㋑責任主体としての使用者，㋺労働契約の当事者としての使用者の二つがある。

Exercise

問題① 労働基準法上の労働者(以下「労働者」とする)に関する次の記述のうち,妥当なものはどれか。

1 労働組合法2条1号にいう「使用者の利益を代表する者」は,労働者に含まれない。

2 塗料製法の指導,研究に従事し,直接上司の指揮命令に服することなく勤務している者も労働者といえる場合がある。

3 失業中で雇用保険の給付を受けている者も労働者に含まれる。

4 農業に従事している者は,たとえ賃金を得て労働をしているときでも労働者とはいえない。

5 書店で継続的に商品管理のアルバイトをして生活費の一部を得ている大学生は,労働者とはいえない。

. . . .

解説

1 誤。労働組合法上の「使用者の利益を代表する者」で組合員となることのできない者も,労働の対償として賃金を得ているときは,労働基準法上の労働者に該当する。

2 妥当な記述である。直接には上司の指揮命令に服していなくても,実質的に使用従属関係が認められる限り,「使用される者」といえ,労働基準法上の労働者に該当する。本肢のケースについて,判例は労働者性を認めている(最判昭37.5.18)。

3 誤。労働基準法上の労働者であるためには,賃金の支払いを受けていることが必要で,失業者は労働基準法上の労働者に該当しない。

4 誤。農業にも労働基準法が適用されるので,農業に使用される者も労働基準法上の労働者となる。なお,農業に従事する労働者については,労働時間・休憩・休日に関する規定が適用除外となっている(労基法41条1号,別表第1第6号)。

5 誤。アルバイトやパートタイム労働者も,労働の対償として賃金を得ているので,労働基準法上の労働者である。

解答 **2**

問題②　労働基準法の適用に関する次の記述のうち，妥当なものはどれか。

1 家事一般の仕事のために使用されている者にも労働基準法が適用される。

2 同居の親族のみを使用する事業にも労働基準法が適用される。

3 官公署の許可が必要な事業を，許可を得ないで営業をしている場合でも，そこに雇用されている者には労働基準法が適用される。

4 5人以上を使用する事業にのみ労働基準法が適用され，それより少ない場合には適用されない。

5 宗教団体など非営利団体に雇用されている者には労働基準法が適用されない。

・・・

解説

1 誤。労働基準法116条2項は，家事使用人について，労働基準法の適用を除外している。

2 誤。労働基準法116条2項は，同居の親族のみを使用する事業について，労働基準法の適用を除外している。

3 妥当な記述である。無許可営業であっても，労働者性が認められる限り，労働基準法は適用される。

4 誤。労働基準法の適用は，事業の規模によって左右されない。

5 誤。労働基準法の適用は，営利事業に限定されない。

解答　**3**

労働契約の成立と労働条件の決定

労働契約とは，①どういうものか，②いつ成立するのか，③成立するとどういう効果が生じるのか，④さらには締結に際しどういう規制があるのかを学習します。要注意分野です。

1．労働契約の成立

（1）労働契約の意義

① 意 義

労働契約とは労働基準法・労働契約法で用いられる概念であり，労働基準法・労働契約法が適用される労務供給契約をいう。民法上の雇用契約（民法623条）が主体であるが，これに限らず，委任契約や請負契約であっても労働契約に該当する場合もある。それは結局，労務供給者が労働基準法上の労働者といえるかどうかがポイントとなる。

② 法的性質

基本的性質は民法の規定どおりであり，諾成・双務・有償契約である。当事者の債務の内容は，1）労働者の労務提供義務と，2）使用者の賃金支払義務が本体的なものである。その他，付随的義務として，労働者には企業秘密の保持義務，競業避止義務，使用者の名誉・信用を毀損しない義務が，使用者には労働者の安全配慮義務，職場環境配慮義務，解雇回避義務が，それぞれ認められる。

なお，労働契約法では，使用者の労働者に対する安全配慮義務が明文化された（労契法5条）。判例が，信義則を根拠として認めていたものである（最判昭50.2.25）。

（2）労働契約の成立

労働契約は，労働者が使用者に使用されて労働し，使用者がこれに対して賃金を支払うことについて，労働者および使用者が合意することによって成立する（労契法6条）。

しかし，新規学卒者の場合等には，次の図に見られるように，採用内定のような複雑な過程を経るのが一般的である。また，労働契約には，試用期間が付される場合もある。

　そこで，労働基準法が適用され，しかも解雇権濫用法理（第8節参照）が適用されるようになる労働契約が採用内定や試用期間の場合に成立しているのか，仮に成立しているとして通常の労働契約（本採用）と何が異なるかが問題となる。

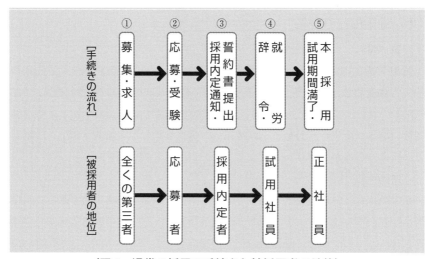

〈図3　通常の採用の手続きと被採用者の地位〉

（3）採用内定・試用期間

① 採用内定

　一般的には，求職者の応募が労働契約の申込みであり，企業の応募者に対する「採用内定通知」がその承諾に当たり，**解約権を留保した労働契約が採用内定通知の時点で成立する**と解されている（大日本印刷事件，最判昭54.7.20）。

　したがって，**内定取消しは，いったん成立した労働契約の解約として解雇の問題となるから**，不当な内定取消しは解約権の濫用として無効とされることがある。ただし，内定通知書または誓約書等に記載された事由（例えば，卒業できないこと等）を内定取消事由とすることは認められるから，当該事由を理由

とする内定取消しは適法となる。このような内定取消事由が認められる点が通常の労働契約と異なるのである。

> **[判例] 採用内定**　　　　　　　　　　　（大日本印刷事件，最判昭 54.7.20）
>
> 　企業からの求人募集は労働契約の申込みの誘引に，大学卒業予定者の応募は労働契約の申込みに，そして企業からの採用内定通知はこれに対する承諾に当たり，採用内定者によるその後の誓約書の提出と相まって，企業と採用内定者間においては，就労の始期を大学卒業直後とし，それまでの間誓約書記載の取消事由による解約権を留保した労働契約（**始期付解約権留保付労働契約**）が成立したといえる。右の留保解約権に基づく採用内定の取消しは，採用内定当時知ることができず，また知ることが期待できないような事実が新たに生じ，これを理由に採用内定を取り消すことが解約権留保の趣旨，目的に照らして客観的に合理的と是認できる場合に限り許される。

②　試用期間

　労働者の適性等を判断するために設けられる期間である。採用内定通知がなされているから，労働契約は成立しているものの，**不適性等が判明した場合に解約権を行使するという解約権が留保された労働契約である**（三菱樹脂事件，最大判昭 48.12.12）。

> **[判例] 試用期間**　　　　　　　　　　（三菱樹脂事件，最大判昭 48.12.12）
>
> 　雇用契約において，採否決定の当初に労働者の適格性の十分な判定資料を収集できないため，後日の調査や観察に基づく最終的な決定を留保する趣旨で合理的な期間解約権を留保することは，合理性を持ち有効である。この留保した解約権に基づく解雇，すなわち本採用の拒否は，解約権留保の趣旨，目的に照らし客観的に合理的な理由が存し社会通念上相当として是認される場合にのみ許される。

　また，労働者の適正評価等のために新規採用に際して雇用契約に期間を設けた場合，その期間を原則として試用期間であるとした判例がある（神戸弘陵学園事件，最判平 2.6.5）。

> **[判例] 試用期間**　　　　　　　　　　　（神戸弘陵学園事件，最判平 2.6.5）
>
> 　労働者の新規採用に当たり，その適性を評価・判断するために雇用契約に期間を

設けた場合に，右期間の満了により契約が当然に終了する旨の明確な合意が成立しているなどの特段の事情が認められる場合を除き，右期間は契約の存続期間ではなく，試用期間である。

（4）労働契約の締結に関する法的規制

労働基準法は，労働契約の締結につき，前近代的な労働関係の排除を目的とした規定を置いてその内容に一定の制約を課している。具体的には，①未成年者についての制約，②契約期間の制限，③労働条件の明示，④賠償予定の禁止，⑤前借金相殺の禁止，⑥強制貯金の禁止である。

①　未成年者についての制約

就労最低年齢（労働基準法56条で**原則として満15歳に達した日以後の最初の３月31日が終了するまで使用禁止**）や親権者・後見人の代理権の制限（労働基準法58条１項で**未成年者に代わって労働契約を締結できない**）が規定されている。その他については，後述する（第9節）。

②　契約期間の制限

労働契約を締結する場合，契約期間を定めない場合もある（期間の定めのない契約）が，契約期間を定める場合（期間の定めのある契約），**原則として３年を超える期間を定めることはできない**（労基法14条１項）。労働者の退職の自由を確保する趣旨からである。３年を超える期間を定めた場合は３年に短縮される。なお，定年制は退職の自由を前提にするから期間の定めのある契約ではない。

例外的に３年を超える期間を定めることができるものに，次の場合がある。

1）職業能力開発促進法による職業訓練を受ける労働者で，３年を超える訓練期間が必要な場合（同70条）

2）一定の事業の完了に必要な期間を定める場合（同14条１項本文）

3）厚生労働大臣が定める基準に該当する**高度な専門的知識等**（専門的な知識，技術または経験）**を有する労働者**[5]（当該高度の専門的知識等を必

5）例えば，博士の学位を有する者，公認会計士・医師・歯科医師・弁護士・税理士等の資格を有する者，システムエンジニアとしての実務経験５年以上で年収1,075万円以上のシステムコンサルタント等が該当する。

要とする業務に就く者に限る）を雇い入れる場合で，**5年以下の期間を定める場合**（同項1号）

4）**満60歳以上の労働者**を雇い入れる場合で，**5年以下の期間を定める場合**（同項2号）

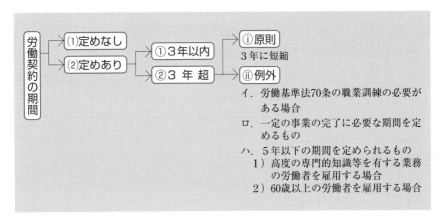

〈図4　労働契約の期間の概要〉

③　労働条件の明示

使用者は，労働契約の締結に際し，労働者に対して賃金，労働時間その他の労働条件を明示しなければならない（同15条）。

1）労働条件は，**原則として口頭で明示されればよい**。ただし，**賃金・労働時間等の一定の事項は，書面（文書）の交付によって明示されなければならない**（同条1項）。その詳細は労働基準法施行規則5条[6]に定められており，かなり多くの内容について書面の交付による明示が必要となる。

2）明示された条件と実際の労働条件が異なる場合，労働者は即時に労働契約を解除することができる（**即時解除権**，同条2項）。解除は将来に向かって効力を生じる（将来効）。即時解除権を行使した労働者が就業のため住居を変更していた場合で，契約解除の日から14日以内に帰郷する場合は，

6）書面の交付によって常に明示すべき事項は，①労働契約の期間，②期間の定めのある労働契約を更新する場合の基準(期間の定めのある労働契約のうち期間満了後に更新する場合があるものを締結する場合に限る)，③就業の場所，従事すべき業務，④始業・終業の時刻，所定労働時間を超える労働の有無，休憩時間，休日，休暇，交替制で就業させる場合の就業時転換，⑤賃金（退職手当や臨時に支払われる賃金を除く）の決定・計算・支払いの方法，賃金の締切・支払いの時期，⑥退職（解雇事由を含む）である（労基法規則5条3項，4項）。なお，平成31年4月以降，労働者が希望する場合に，FAXや電子メール等による明示が可能になった（同条4項但書）。

使用者は必要な旅費を負担しなければならない（同条3項）。

3）労働条件の明示を欠く場合，使用者には罰則が科されるが（同120条1号），労働契約自体は有効に成立する。

④ **賠償予定の禁止**

使用者は，労働契約の不履行について違約金を定め，または損害賠償額を予定する契約をしてはならない（同16条）。

違約金や賠償額の予定が労働者の退職の自由を奪うものであることから定められた規定である。この趣旨から，**労働者の同意があっても本条の禁止の対象**となる。しかし，本条はあらかじめ賠償を予定することを禁止するものにすぎないので，現実に生じた損害について，使用者が労働者に賠償を請求することまでは禁じられていない。

⑤ **前借金相殺の禁止**

使用者は，前借金その他労働することを条件とする前貸の債権と賃金を相殺してはならない（同17条）。

労働することを条件として労働者が使用者から金銭を借りることは認めるが，**退職の自由を確保する趣旨から，使用者による相殺は認めないということ**である。ここで禁止されている相殺は使用者の行う相殺であるから，労働者の行う相殺は許される。

⑥ **強制貯金の禁止**

使用者は，労働契約に付随して「貯蓄の契約」または「貯蓄金を管理する契約」をしてはならない（同18条1項）。これは，金融機関への預金（貯蓄契約）や，預金を使用者が管理すること（預金管理契約）を，労働契約の締結や存続の条件として労働者に強制することを禁じるものであり，強制貯金の禁止という。労働者の拘束につながり，経営者の経営困難により払戻し不能の危険もあるからである。

これに対して，労働者の自由な委託に基づく貯蓄金管理（任意貯金，一般に社内預金等と呼ばれる）は禁止されないが，強制貯金と同様の危険もある。そこで，労働基準法18条2項から7項の要件（労使協定の締結・行政官庁への届出，貯蓄金管理規程の作成・周知，一定利率以上の利子の支払い等）を充たした場合に限り，許容されている。

2．労働条件の決定

（1）労働条件とその決定過程

　労働条件とは，賃金・労働時間・休憩・休日・職場の服務規律・安全衛生・休業等，労働契約の当事者間で取り決めておくべきさまざまな条件をいう。その内容は多岐にわたり，契約に応じて多様なものであるが，基本的に次のような形で決定される。

①　労働契約

　当事者間の合意である労働契約が，労働条件決定の基礎となる。ただし，労働基準法や就業規則が定める基準に達しない労働契約，または労働協約が定める労働者の待遇に関する基準に反する労働契約は，その達しない部分または反する部分が無効となり，無効となった部分は労働基準法・就業規則・労働協約の定める基準による（労基法 13 条，労契法 12 条，労組法 16 条）。

②　就業規則（第 4 節参照）

　労働契約には細部にわたる内容が定められていない場合も多く，これを補うものとして就業規則が作成される。使用者が合理的な労働条件が定められている就業規則を労働者に周知させていた場合には，労働契約の内容は，労働者および使用者が就業規則の内容と異なる労働条件を合意していた部分を除き，その就業規則で定める労働条件によるものとするのが原則である（労契法 7 条）。また，就業規則自体も法令や労働協約による規制を受ける（同 13 条）。

③　労働協約（第 2 章第 3 節参照）

　労働組合と使用者との協定である労働協約によっても，労働条件の内容が補充される。労働協約には法令に準じる強い効力が認められており，これにより労働契約・就業規則が修正を受けることもある（労組法 16 条参照）。ただし，労働協約の締結主体は労働組合であるから，その効力が及ぶのは，原則としてその労働組合の組合員に限られる。

④　労働慣行（労使慣行）

　必ずしも明文化されていない労働条件が，労使間で慣行的に形成されることもある。

⑤ 労使協定（事業場協定）

　労働条件そのものを決定するわけではないが，その補充的役割を果たすものとして，労働基準法等の法令に基づいて，労使協定（事業場協定）の締結が要求される場合がある。

　特に労働基準法の労働条件規制に対する例外的取扱いを認めるための要件として，特定の事業場（事業活動の単位となる場所，工場・営業所等）における労働者の過半数を組織する労働組合（それがないときは労働者の過半数を代表する者）との協定が要求されるものである。例えば，法定労働時間を超える労働（時間外労働）や法定休日における労働（休日労働）をさせることは原則として禁止されるが，労使協定を締結し，行政官庁に届け出ることにより，例外的に許容されるようになる（労基法 36 条）。

　労働協約と異なり，労使協定は当該事業場のすべての労働者に効力を及ぼすことができる。集団的・画一的取扱いの必要から，過半数の意思の反映により，拘束力を認めたものである。

（2）決定過程相互の関係

　以上の労働条件決定過程を図示すると，次のようになる。

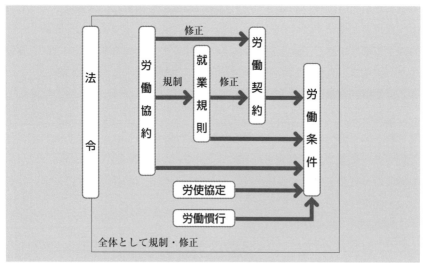

〈図 5　労働条件の決定システム〉

ポイント整理

❶　労働契約は，採用内定の時点で始期付解約権留保付労働契約として成立しているから，内定取消しは解雇に該当し，不当な内定取消しは無効となることもある。

❷　労働契約の期間を定める場合，原則として3年を超えることはできない。

❸　高度の専門的知識等を有する業務に就く者を雇い入れる場合は，例外的に5年以内の契約期間を定めることが認められる。

❹　労働契約の締結に際し，使用者は労働条件を明示しなければならず，特に賃金・労働時間等については文書による明示が要求されている。

❺　損害賠償の予定・前借金相殺・強制貯金は，いずれも労働者を不当に拘束するおそれのあるものとして禁止される。

❻　労働条件の内容は，原則として労働契約により決定されるが，法令・労働協約・就業規則によって補充・修正される場合がある。

Exercise

問題①　労働者の採用に関する次の記述のうち，妥当なものはどれか。

1 労働者の採用について使用者には原則として労働者の選択の自由があるが，応募者の職業適性や職業態度に関係する場合を除き，応募者の思想・信条を理由に採用を拒否することは当然に許されないとするのが判例である。

2 使用者の採用内定通知は労働契約の申込みに該当し，労働者の誓約書等の提出がこれに対する承諾に該当するから，かかる誓約書等の提出の時点で労働契約が成立すると解するのが判例である。

3 企業の留保解約権に基づく採用内定の取消事由は，採用内定当時知ることができず，また，知ることが期待できないような事実で，これを理由として採用内定を取り消すことが解約権留保の趣旨，目的に照らして客観的に合理的と認められ，社会通念上相当として是認することができるものに限られないとするのが判例である。

4 男女雇用機会均等法は労働者の募集，採用に関して男女に平等な機会を与える義務を規定しているが，採用決定の際，特定の女性労働者の身体的機能が劣ることを理由に採用を拒否することも同法の趣旨に違反する。

5 使用者は，労働契約の締結に際し，賃金や労働時間を含めた一定の労働条件に関する事項につき，文書によってこれを明示しなければならない。

....

解説

1 誤。判例は，企業者の契約自由の原則等を根拠として，「企業者が特定の思想，信条を有する者をそのゆえをもって雇い入れることを拒んでも，それを当然に違法とすることはできない」としている（三菱樹脂事件判決，最大判昭48.12.12）。

2 誤。使用者の募集に対する労働者の応募が申込みに該当し，使用者の採用内定通知は承諾に該当すると解するのが判例（大日本印刷事件，最判昭54.7.20）である。したがって，使用者の内定通知が労働者に到達した時点で労働契約が成立する（令和2年4月施行の民法改正によって，隔地者間の契約の承諾通知も発信主義から到達主義へと変更された）。

3 誤。企業の留保解約権に基づく「採用内定の取消事由は，採用内定当時知ることができず，また知ることが期待できないような事実であつて，これを理由として採用内定を取り消すことが解約権留保の趣旨，目的に照らして客観的に合理的と認められ社会通念上相当として是認することができるものに限られる」

とする（大日本印刷事件，最判昭54.7.20）。

4 誤。女性一般ではなく，特定の女性について，その身体的機能の劣ることを理由に採用を拒否することは，男女雇用機会均等法の趣旨に反するものではない。

5 妥当な記述である（労基法15条1項，労基法規則5条3項，4項）。

解答　**5**

問題②　労働契約に関する次の記述のうち，妥当なものはどれか。

1 労働契約を締結するに際しては，その期間を定めなければならず，期間を定めていない場合には，1年経過後はいつでも解除することができる。

2 労働契約で労働基準法に定める基準に達しない労働条件を定めることは，刑事罰の対象になるが，その労働契約の部分が民事上無効となることはない。

3 労働者の過半数で組織する労働組合と労使協定が締結されていれば，それだけで労働契約の締結の際に社内預金を行う旨を定めることができる。

4 採用内定は，卒業の後労働契約を締結すべき旨の予約であり，その破棄は予約不履行として損害賠償責任が生じるだけである。

5 労働契約締結の際に明示された労働条件が事実と相違する場合には，労働者は即時に労働契約を解除することができる。

解説

1 誤。「その期間を定めなければならず」とする記述が誤り。労働契約の締結に必ずしも期間を定める必要はない。

2 誤。「その労働契約の部分が民事上無効となることはない」とする記述が誤り。「この法律で定める基準に達しない労働条件を定める労働契約は，その部分については無効とする」からである（労基法13条）。

3 誤。①労使協定の締結のほかに，行政官庁への届出（同18条2項），②貯蓄金管理規程の作成と労働者への周知（同条3項），③貯蓄金に命令で定める利率以上による利子をつけること（同条4項），④貯蓄金の返還請求があったときは，遅滞なく返還すること（同条5項）が必要である。したがって，労使協定の締結で足りるとする本肢は誤りである。

4 誤。「採用内定は，卒業の後，労働契約を締結すべき旨の予約であり」とする記述が誤り。判例は，採用内定の法的性質につき，採用内定制度の実態は多様であることを認めつつも，一般的には始期付解約権留保付労働契約と解している（大日本印刷事件，最判昭 54.7.20 参照）。

5 妥当な記述である。労働基準法 15 条 2 項による即時解除権である。

解答　**5**

問題③　労働契約の締結に関する次の記述のうち，妥当なものはどれか。

1 未成年者が就業する場合には，未成年者保護の見地から，必ず親権者または後見人が本人に代わって契約を締結しなければならない。

2 労働契約について期間の定めを置く場合には原則として 1 年以内でなければならず，これは満 60 歳以上の労働者を雇用する場合でも同様である。

3 労働契約締結に際して使用者は労働条件を明示しなければならず，これを欠く場合，当該契約は無効となる。

4 使用者は，労働契約の不履行について違約金の定めまたは損害賠償額の予定をすることは原則として許されないが，労働者の同意があれば認められる。

5 使用者は，労働者に対して労働することを条件とする前貸の債権と賃金とを相殺することはできないが，労働者が賃金によってかかる債権との相殺をなすことは認められる。

・・

解説

1 誤。親権者・後見人は未成年者本人に代わって労働契約を締結することはできない（労基法 58 条 1 項）。親権者・後見人が未成年者を働かせて利益をくすねることを防止するためである。

2 誤。労働契約の期間は原則として 3 年以内であるが，満 60 歳以上の労働者を雇用する場合には 5 年以内の期間を定めることができる（同 14 条 1 項 2 号）。高齢者の雇用の安定のためである。

3 誤。労働条件の明示義務（同 15 条 1 項）に違反する場合，使用者には罰則が科される（同 120 条 1 号）が，労働契約自体は有効に成立すると解されている。

4 誤。労働契約の不履行に対する違約金の定めまたは損害賠償額の予定（同16条）は，不当に労働者を契約に拘束することになるため，たとえ労働者の同意があっても許されない。

5 妥当な記述である。使用者が，労働者に対する労働を条件とした前貸の債権（前借金）と賃金との相殺をなすことは，労働者を不当に契約に拘束するおそれがあるため，許されない（同17条）。しかし，労働者の側からの相殺は，そのようなおそれがないので有効になしうる。

解答　5

4 就業規則

就業規則は，解雇，労働時間と並んで労働基準法の頻出分野です。た
だ，出題される事項はほぼ決まっていますから，基本を理解すれば
得点は容易です。本節を通じて，就業規則を得意分野としてください。

1. 就業規則の作成・変更

(1) 就業規則の意義

　就業規則とは，使用者が労働者の労働条件および服務規律に関する具体的細
目を定めた規則をいう。

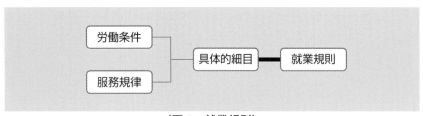

〈図6　就業規則〉

〈表3　就業規則の作成・変更手続き〉

作成義務	常時10人以上の労働者を使用する者
意見聴取	事業場の労働者の過半数で組織する労働組合 または事業場の労働者の過半数を代表する者
届　出	行政官庁（所轄労働基準監督署長）
周　知	事業場の労働者

　膨大な数の労働者を使用する近代企業においては，労働条件および服務規律
を統一的・画一的に定めることが必要となり，就業規則が作成されるに至っ
た。

（2）就業規則の法的性質

　就業規則には労働契約を補充して労働条件の内容を定め，さらには労働契約の内容を修正する効力が認められることもある（2．就業規則の効力の項参照）。しかし，使用者が一方的に作成する就業規則について，このような効力を認めうるための条件を，どのように説明すべきなのかが問題となる。

①　学　説

　学説では，労働者の同意によって就業規則が労働契約の内容となって拘束力が生じると説明する**契約説**と，労働条件の画一的決定等の要請から就業規則それ自体によって法律と同様の拘束力を認めうると説明する**法規範説**とが主張されている。前者では労働者の同意が拘束力を認めるための条件となるのに対し，後者ではそれは不要とされる。

②　判　例

　判例では，就業規則の法的性質に関して，次のように判示したものがある（**秋北バス事件**，最大判昭 43.12.25）。

> ［判例］就業規則の法的性質　　　　　　　（秋北バス事件，最大判昭 43.12.25）
> 　労働条件を定型的に定めた就業規則は，**それが合理的な労働条件を定めているものである限り**，使用者と労働者との間の労働条件はその就業規則によるという事実たる慣習が成立しているものとして，**その法的規範性が認められる**に至っている（民法 92 条参照）ものということができる。（中略）当該事業場の労働者は，就業規則の**存在および内容を現実に知っていると否とにかかわらず**，また，これに対して個別に同意を与えたかどうかを問わず，**当然に，その適用を受ける**ものというべきである。

　この判示は「法的規範性」という表現を用いているが，「合理的な労働条件を定めている」という要件を求めている点で，学説のいう法規範説とは趣を異にしている。

　上記秋北バス事件判例等を受けて，労働契約法 7 条本文は，「**合理的な労働条件が定められている就業規則**」であること，および「就業規則を**労働者に周知**させていた」ことという要件を充たしている場合は，就業規則で定める労働

条件が労働契約の内容を補充し，「労働契約の内容は，その就業規則で定める労働条件による」という法的効果を生じることを規定した[7]。

（3）就業規則の作成義務

① 常時10人以上の労働者を使用する使用者は，就業規則を作成しなければならない（労基法89条）。

アルバイト，パートタイム労働者などを含めたすべての労働者の数が，一時的に10人未満となることがあっても，**通常10人以上であれば，就業規則を作成しなければならない。**

事業場が複数ある場合には，「常時10人以上」は，企業単位ではなく事業場単位で計算する。

② 常時10人未満の労働者を使用する使用者は，就業規則を作成する義務を負わないが，就業規則を作成することは差し支えない。

（4）就業規則の記載事項

就業規則の記載事項には，絶対的必要記載事項，相対的必要記載事項，任意的記載事項の3種類がある（労基法89条）。

① 絶対的必要記載事項

就業規則に必ず記載しなければならない事項であり，次の事項がこれに属する（同条1号～3号）。

［絶対的必要記載事項］
1）**始業・終業の時刻，休憩時間，休日，休暇**，労働者を2組以上に分けて交替に就業させる場合の就業時転換
2）**賃金の決定・計算・支払いの方法，**賃金の締切り・支払いの時期，昇給
3）**退職に関する事項（解雇の事由も含む）**

7）労働契約法7条但書は，同条本文の例外として，「労働契約において，労働者及び使用者が就業規則の内容と異なる労働条件を合意していた部分については，第12条に該当する場合を除き，この限りでない」と規定する。労働契約法12条は，就業規則の基準に達しない労働条件を定める労働契約の部分を無効とする規定なので，労使間で合意した労働条件の内容が就業規則の基準以上の場合には，その合意した労働条件が就業規則よりも優先される。

②　相対的必要記載事項

該当する制度を設ける場合には，就業規則に記載しなければならない事項であり，次の事項がこれに属する（同条3号の2〜10号）。

［相対的必要記載事項］

1）退職手当（適用労働者の範囲，手当の決定・計算・支払いの方法，手当の支払いの時期）
2）臨時の賃金など（退職手当を除く），最低賃金額
3）労働者の負担する食費・作業用品など
4）安全と衛生
5）職業訓練
6）災害補償，業務外の傷病扶助
7）表彰と制裁
8）その他事業場の労働者すべてに適用される定めに関する事項

---

③　任意的記載事項

絶対的必要記載事項および相対的必要記載事項以外の事項をいう。使用者は，絶対的必要記載事項および相対的必要記載事項以外の事項を就業規則に規定することは差し支えない。

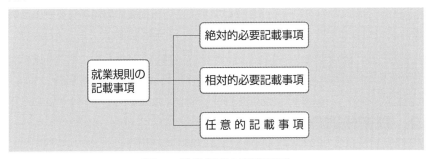

〈図7　就業規則の記載事項〉

（5）就業規則の作成手続き

①　意見聴取

　使用者は，就業規則の作成・変更については，当該事業場の労働者の過半数で組織する労働組合（それがないときは当該事業場の労働者の過半数を代表する者）の意見を聴かなければならない（労基法90条1項）。

　ただし，就業規則の作成・変更について労働者側の同意を得たり，労働者側と協議をしたりすることまでは要求されないので，「全面的反対」の意見が付されても就業規則の効力に影響はない。

②　届　出

　使用者は，就業規則を作成・変更した場合には，これを行政官庁（所轄労働基準監督署長）に届け出なければならない（同89条，90条2項）。もっとも，届出を欠いても就業規則自体の効力は認められる。

③　周　知

　使用者は，就業規則を，各労働者に配布したり，作業場の見やすい場所に掲示するなどの方法により，労働者に周知しなければならない（同106条1項，労基法規則52条の2）。

　労働者への周知義務について判例は，就業規則が法的規範として拘束力を生じるためには，その内容の適用を受ける事業場の労働者に周知させる手続きが採られていることを要する（フジ興産事件，最判平15.10.10）と述べている。この判例は，労働者への周知を欠いた就業規則は効力を生じず，労働者は周知されていない就業規則に従う必要はないと判断したと解釈されている。

2．就業規則の効力

（1）就業規則の効力

　就業規則は，労働契約の内容を補充し，さらにはこれを修正する効力を有するが，他方で法令や労働協約には反することができない。以下，個別にその関係を説明する。

①　法令・労働協約との関係

　就業規則は，労働基準法等の法令や事業場に適用される労働協約に反しては
ならない[8]（労基法 92 条 1 項）。なお，就業規則が労働協約の基準を上回る
場合であっても，それは労働協約に反することになると解されている。

　そして，法令や労働協約に反する就業規則の部分について，労働契約法 7 条
（就業規則の労働契約規律効），同 10 条（就業規則の合理的変更による労働契
約規律効），同 12 条（就業規則の強行的・直律的効力）の規定は，当該法令や
労働協約の適用を受ける労働契約には適用しない（労契法 13 条）。これは，**就
業規則で定める労働条件が法令や労働協約に反する場合，その労働条件は労働
契約の内容にならない**ことを意味する。

　ただし，法令・労働協約に反する就業規則が定められていると，それが事実
上適用されるおそれがある。そこで，**行政官庁**は，法令または労働協約に抵触
する就業規則の**変更を命じることができる**（変更命令，労基法 92 条 2 項）。

②　労働契約との関係

　就業規則で定める基準に達しない労働条件を定める労働契約は，その部分に
ついて無効となる（強行的効力，労契法 12 条）。この場合に無効となった部分
は，就業規則で定める基準による（直律的効力，同条）。これを就業規則の最
低基準効ともいう。

　就業規則の最低基準効は，就業規則の定めと労働契約の定めが競合する場
合，**労働契約で定める労働条件が就業規則で定める労働条件よりも不利なとき**
（就業規則＞労働契約）には，労働契約が就業規則によって修正を受けるとす
るものである。

　例　労働契約：1 日 8 時間労働で日給 1 万円とする。

　　　就業規則：1 日 7 時間労働で日給 1 万円とする。

　→　労働条件：1 日 7 時間労働で日給 1 万円

　これに対して，労働契約で就業規則よりも有利な労働条件を定めることは差
し支えなく（就業規則＜労働契約），この場合には労働契約の労働条件が適用
される（同 7 条但書参照）。

8）労働協約は組合員に対してのみ効力を生ずるのが原則なので，就業規則の労働協約違反も組合員との関係でのみ問
題となるのが原則である。

例 労働契約：1日7時間労働で日給1万円とする。
就業規則：1日8時間労働で日給1万円とする。
→ 労働条件：1日7時間労働で日給1万円

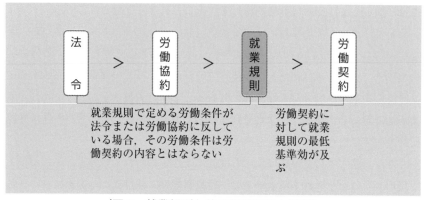

〈図8　就業規則と他の規範の効力関係〉

（2）就業規則の不利益変更

① 　就業規則によって労働条件が定められている場合に，これを使用者が一方
的に労働者に不利な内容に変更することができるか。この点については，前
掲秋北バス事件判決が次のように判示している。

> [判例] 就業規則の不利益変更　　　　　　（秋北バス事件，最大判昭43.12.25）
> 　新たな就業規則の作成または変更によって既得の権利を奪い，**労働者に不利な労
> 働条件を一方的に課すことは，原則として許されない**。しかし，労働条件の集合
> 的処理，特にその統一的かつ画一的な決定を建前とする就業規則の性質からいって，
> **当該規則条項が合理的なものである限り**，個々の労働者において，これに**同意し
> ないことを理由として，その適用を拒否することは許されない**。

　この判示についても，学説からは「原則として」の部分がほとんど無意味
になってしまっている等の批判があるが，ここでは，次の二つの形で押さえ
ておくべきである。
1 ）就業規則の一方的な不利益変更は，原則として許されない。

2）しかし，その変更内容が合理的なものである場合には，例外的に一方的な不利益変更も許され，その場合には労働者の同意不同意を問わず，拘束力を有する。

② 不利益変更に合理性が認められるためには，必要性および内容の両面から見て，それによって労働者が被ることになる不利益の程度を考慮しても，なお当該労使関係における当該条項の法的規範性を是認できるだけのものでなければならない（最判昭 63.2.16）。

これは結局，変更の必要性・不利益の程度・労働者への対応等から総合的に判断されることになる。例えば，主任職以上の従業員に対する 55 歳定年制の新設（秋北バス事件），生理休暇の有給率の引下げについて，合理性ありとされたケースがある一方，退職金の算定基礎となる勤続年数に上限を設ける変更について，合理性なしとされたケースもある（御国ハイヤー事件，最判昭 58.7.15）。

③ 就業規則の不利益変更につき，上記秋北バス事件判例等を受けて，労働契約法は以下のような規定を設けた。

1）原則として，労働者と合意することなく，就業規則の変更により，労働契約の内容である労働条件を労働者の不利益になるように変更することはできない（労契法 9 条）。

2）しかし，労働者との合意がなくても，「変更後の就業規則を**労働者に周知させ**」たこと，および就業規則の変更が「**労働者の受ける不利益の程度，労働条件の変更の必要性，変更後の就業規則の内容の相当性，労働組合等との交渉の状況**その他の就業規則の変更に係る事情に照らして**合理的**なものである」ことという要件を充たした場合，「労働契約の内容である労働条件は，当該変更後の就業規則に定めるところによる」という法的効果が生じる[9]（同 10 条本文）。

9）労働契約法10条但書は，同条本文の例外として，「労働契約において，労働者及び使用者が就業規則の変更によっては変更されない労働条件として合意していた部分については，第12条に該当する場合を除き，この限りでない」と規定する。よって，労使間で変更しないと合意していた労働条件の内容が就業規則の基準を上回る場合，労働者との合意がない就業規則の合理的変更によってはその労働条件は変更されない。

1 常時 10 人以上の労働者を使用する使用者は，就業規則の作成義務を負う。

2 就業規則には，それが合理的内容を定めているものである限り法的規範性が認められ，労働者の知不知・同意不同意を問わず当然に拘束力が認められる。

3 就業規則の作成・変更には，労働者側の意見を聴くことが必要であるが，同意を得る必要はない。

4 就業規則の作成・変更には，労働者側からの意見聴取に加えて，行政官庁への届出や労働者への周知が必要である。

5 就業規則は法令・労働協約に反してはならず，これらに反する就業規則は行政官庁がその変更を命じることができる。

6 就業規則に定める基準に達しない労働条件を定める労働契約は，その部分について無効であり，無効とされた部分は就業規則の基準による。

7 就業規則の不利益変更が合理的なものである限り，労働者は，これに同意しないことを理由に，その適用を拒否することはできないのを原則とする。

Exercise

問題①　労働基準法に定める就業規則に関する次の記述のうち，妥当なものはどれか。

1 就業規則とは，労働組合と使用者またはその団体との間における労働条件その他労使関係に関する文書による協定をいう。

2 労働者を1人でも雇用する使用者は，就業規則を作成し所轄の労働基準監督署長に届出をしなければならない。

3 労働契約で就業規則に定める基準に達しない労働条件を定めた場合には，当該契約全体が無効となり，新たに契約を締結し直す必要がある。

4 就業規則を作成する場合，休憩時間・休日・賃金の決定に関する事項は必ずこれに記載しなければならない。

5 行政官庁は法令または労働協約に反する就業規則の変更を命じることができ，この場合，変更命令は就業規則の内容を直接変更する効力を有する。

∙∙

解説

1 誤。本肢記述は労働協約に関するものである。就業規則とは，労働条件を統一的に設定し，あるいは職場規律を明らかにするため，使用者が定める職場規律や労働条件に関する規則をいう。

2 誤。就業規則の作成義務を負うのは「常時10人以上」の労働者を使用する使用者である（労基法89条）。

3 誤。就業規則で定める基準に達しない労働条件を定める労働契約は，「その部分について」無効となる（同93条，労契法12条）。つまり，就業規則に達しない部分のみが無効となるのであって，契約全体が無効となるのではない。

4 妥当な記述である。休憩時間・休日・賃金の決定に関する事項は，就業規則に必ず記載しなければならない絶対的必要記載事項である（労基法89条1号，2号）。

5 誤。就業規則が法令または労働協約に抵触する場合，行政官庁はその変更を命じることができるが（同92条2項），この変更命令には就業規則を直接変更する効力まで認められるわけではない。

解答　4

問題②　就業規則に関する次の記述のうち，妥当なものはどれか。

1 使用者は，法律で限定的に列挙された事項以外の事項を就業規則に記載することはできず，これに違反した場合は，行政官庁から就業規則の是正勧告を受け，それに従わない場合は当該記載事項は無効となる。

2 就業規則の変更の結果，労働協約と矛盾を生じることになった場合，労働協約の内容は就業規則により修正を受け，就業規則の規定が適用されることになる。

3 就業規則は，労働契約に対して優越的な効力を有するから，就業規則で定める労働条件と労働契約で定める労働条件とが異なっている場合，どちらの労働条件が有利であるかを問わず，その部分について就業規則が適用される。

4 使用者が，就業規則を労働者に不利に変更した場合であっても，その変更が合理的なものである限り，原則として，これに同意しない個々の労働者がその適用を拒否することは許されないとするのが判例である。

5 就業規則には，始業および終業の時刻に関する事項や退職に関する事項を記載しなければならないが，このうち「退職に関する事項」には解雇の事由を含まない。

・・・

解説

1 誤。就業規則には，法定の事項以外の事項もこれを記載することができる（任意的記載事項）。

2 誤。就業規則の効力は，労働協約よりも劣る。したがって，変更された就業規則が労働協約に反する場合には，その部分について効力を生じない（労基法92条，労契法13条）。

3 誤。就業規則が定める労働条件に達しない労働条件を定める労働契約との関係で，就業規則は優越的な効力を認められているが（労基法93条，労契法12条），就業規則が定める労働条件以上の労働条件を定める労働契約については，労働契約が優先的に適用される（同7条但書参照）。

4 妥当な記述である。秋北バス事件判決の判旨である。

5 誤。就業規則の絶対的必要記載事項である「退職に関する事項」には，解雇の事由が含まれる（労基法89条3号）。なお，「始業および終業の時刻」が絶

対的必要記載事項であるとする点は妥当である（同条 1 号）。

解答 ❹

問題③　就業規則に関する次の記述のうち，妥当なものはどれか。

1 就業規則が法的規範として拘束力を生じるためには，その内容の適用を受ける事業場の労働者に周知させる手続きが採られていることを要するとするのが判例である。

2 就業規則を作成するに当たっては，労働者の代表から意見を聴取することが義務づけられており，全面的反対の意見が述べられた場合は，この就業規則は効力が生じないと解されている。

3 就業規則の記載事項は法定されており，この一部を欠いている場合は，この就業規則は全く効力が生じないと解されている。

4 就業規則は労働者に不利な内容に変更することはできず，不利な内容に変更した場合は，この部分は労働者の同意を得ない限り効力が生じる余地がない。

5 就業規則を作成した場合には，所轄労働基準監督署長への届出が義務づけられており，この届出を怠った場合は，この就業規則は効力が生じないと解されている。

- -

解説

1 妥当な記述である。判例は，労働者への周知を欠いた就業規則は効力を生じず，労働者は周知されていない就業規則に従う必要はないと判断したと解釈されている（フジ興産事件，最判平 15.10.10）。

2 誤。「全面的反対の意見が述べられた場合は，この就業規則は効力が生じない」との記述が誤り。全面的反対の意見が述べられた場合は，その旨の意見書を添付して，届出をすれば足りる（労基法 90 条 2 項）。

3 誤。「この一部を欠いている場合は，この就業規則は全く効力が生じない」との記述が誤り。就業規則に規定された事項は効力を生じる。

4 誤。就業規則の不利益変更は原則としては許されないが，それが合理的なも

のであり，変更後の就業規則が周知されている限りにおいて，原則として，労働者の合意がなくとも不利益変更が認められる（労契法10条本文）。

5 誤。「この届出を怠った場合は，この就業規則は効力が生じない」との記述が誤り。届出を怠っても就業規則は効力を生じる。

解答　**1**

問題④　労働基準法や労働契約法における就業規則に関するA～Dの記述のうち妥当なもののみをすべて挙げているのはどれか。

A　使用する労働者が一時的に10人未満となることはあっても常態として10人以上であれば，使用者は就業規則を作成し行政官庁に届け出なければならない。この場合の労働者にはアルバイトやパートタイム労働者なども含まれる。

B　就業規則のうち退職に関する事項は相対的必要記載事項に分類される。また，退職に関する事項とは労働者からの申し出による任意退職定年制による退職契約期間満了による退職等をいい，使用者による解雇の事由は含まれない。

C　使用者は，作成した就業規則についてこれを必ず労働者に書面で交付して周知しなければならない。したがって，就業規則を常時各作業場の見やすい場所へ掲示して周知したり，コンピュータを使用した方法で周知したりすることは許されない。

D　労働契約法によると，就業規則で定める基準に達しない労働条件を定めた労働契約は，その部分については無効であり，無効となった部分は就業規則で定める基準による。

1　A
2　B
3　A，D
4　B，C
5　C，D

解説

A　妥当な記述である。就業規則の作成・届出義務を負う使用者とは，「常時 10人以上の労働者を使用する使用者」である（労基法 89 条）。そして，「常時」とは常態として 10 人以上を使用しているという意味であり，一時的に 10 人未満となることがあってもよい。また，「労働者」とは雇用形態を問わないので，アルバイトやパートタイム労働者なども含まれる。

B　誤。「退職に関する事項」は，就業規則の絶対的必要記載事項である（同 89条 3 号）。また，「退職に関する事項」には，使用者による解雇の事由が含まれる（同号括弧書）。

C　誤。使用者は，作成した就業規則を，必ず労働者に周知しなければならない（同 106 条 1 項）。その周知の方法としては，①常時各作業場の見やすい場所に掲示し，または備え付けること，②書面を交付すること，③その他コンピュータを使用した方法のいずれかによる（労基法規則 52 条の 2）。よって，①または③の方法による周知も許される。

D　妥当な記述である。就業規則で定める基準に達しない労働条件を定める労働契約は，その部分については無効とする。この場合において，無効となった部分は，就業規則で定める基準による（労契法 12 条）。

以上より，妥当なものはA，Dであり，正解は**3**である。

解答　3

5 賃　金

賃金は，労働者の生活の糧となる大切なものです。そのため労働基準法は，賃金の意義や支払方法について規定しています。この節では，賃金の支払方法を中心に学習します。

1．労働基準法上の賃金の意義

（1）賃金の意義

　労働基準法 11 条は，以下の 3 要件を充たすものを賃金と定めている（この賃金に該当すれば，以下に述べるような労働基準法 24 条等の賃金保護規定の適用を受けることになる）。

> ［賃金の意義］
> ①　賃金，給料，手当，賞与その他名称のいかんを問わない。
> ②　労働の対償であること。
> ③　使用者が労働者に支払うものであること。

　①との関係では，物価手当，通勤手当等も賃金となりうる。

　②との関係で，使用者が任意的・恩恵的に支払うもの（例えば，結婚祝金，死亡弔慰金など）は，賃金とならない。ただし，労働協約や就業規則などに定められた明確な支給条件に基づくものであれば，「労働の対償」といえるから，賃金に当たる。

　③との関係では，ホテルや飲食店でお客が手渡すチップは，使用者が支払うものでないから，賃金とはいえない。

（2）賞与・退職金

①　賞　与

　賞与（一時金）は臨時的・恩恵的なものは賃金に当たらない場合もあるが，支給条件が就業規則や労働協約等に定められているものであれば，「労働の対償」といえ，賃金に当たる。

　ところがこの場合，多くの就業規則等に見られる**在籍要件**（賞与支給日前に退職した者は支給対象としないこと）が，全額払いの原則（後掲）に反しないかという疑問が生じる。しかし，賞与の支給条件は就業規則等で自由に定めうることから，支給日の在籍者に限って支払請求権が発生すると考えることも不合理とはいえず，それが合理的で明確な基準である限り違法ではないとされる（大和銀行事件，最判昭 57.10.7）。

② 退職金

　退職金（退職手当）も，賞与と同様に支払条件が明確であれば，後払賃金の性格を有するものとして賃金に当たる。そうするとこの場合，一般に行われている，**懲戒解雇に伴って退職金の全部または一部を不支給とする取扱い**が，やはり全額払いの原則に抵触するのではないかとの疑問が生じる。しかし，退職金は労働者の功労に報いるという性格（功労報償的性格）があるところ，懲戒解雇はその功労が減殺される場合であるから，退職金請求権自体が縮減している以上，必ずしも不合理なものとはいえないとされる（三晃社事件，最判昭 52.8.9）。

（3）賃金請求権の消滅時効

　賃金（退職金を除く）は 5 年（当分の間は 3 年）[10]，退職金は 5 年の消滅時効にかかる（労基法 115 条，143 条 3 項）。

2. 賃金の支払いについての原則

（1）賃金支払いの 5 原則

　労働基準法は，賃金が労働者の生活の糧をなす重要なものであることに鑑み，賃金の支払いについて以下の 5 原則を定めている（労基法 24 条）。

10）令和 2 年 4 月施行の民法改正（債権法改正）によって短期消滅時効が廃止されたことに伴い，退職金を除いた賃金に関する 2 年の消滅時効期間が延長された。

```
［賃金支払いの５原則］
① 　通貨払いの原則
② 　直接払いの原則
③ 　全額払いの原則
④ 　毎月１回以上払いの原則
⑤ 　一定期日払いの原則
```

（２）通貨払いの原則

① 原　則

　賃金は通貨で支払うことが要求されている（労基法24条1項）。**通貨とはわが国**において強制通用力を有する貨幣・紙幣・銀行券をいう。**外国通貨や銀行の自己宛小切手であっても，ここでいう通貨には含まれない。**

② 例　外

次の三つの**例外**がある（同項但書前段）。

　１）法令に別段の定めがある場合(ただし，これに該当する法令は存在しない)

　２）**労働協約**に別段の定めがある場合（**例** 業績不振の際に賞与を会社の製品で払う）

　３）命令（厚生労働省令）で定める賃金について確実な支払いの方法で命令で定めるものによる場合（**例** 退職手当を小切手で支払う，賃金を口座振込みで支払う，労基法規則7条の2参照）

（３）直接払いの原則

① 　ピンハネ等を防止するために，賃金は直接労働者に支払うことを要するということである（労基法24条1項）。

② 　**使者**（**例** 病気中の夫が妻に給料を取りに行かせる）に支払う場合は有効だが，**代理人**への支払いは無効である。また，賃金債権が譲渡された場合にも，**譲受人**への支払いは無効である（小倉電報電話局事件，最判昭43.3.12）。

> [判例] **賃金債権の譲渡**　　　　　　　　（小倉電報電話局事件，最判昭 43.3.12）
>
> 　労働基準法 24 条 1 項が「賃金は直接労働者に支払わなければならない」旨を定めて，使用者たる賃金支払義務者に対し罰則をもってその履行を強制している趣旨に徴すれば，労働者が賃金の支払いを受ける前に賃金債権を他に譲渡した場合においても，その支払いについてはなお同条が適用され，使用者は直接労働者に対し賃金を支払わなければならず，したがって，右賃金債権の譲受人は自ら使用者に対してその支払いを求めることは許されない。

（4）全額払いの原則

① 原　則

　賃金はその期日に予定された金額の全額を支払うことを要するということである（労基法 24 条 1 項）。**使用者が，労働者に対する損害賠償請求権と労働者の賃金債権（労働者に対する賃金支払債務）とを相殺することも，この原則により禁止される**（関西精機事件，最判昭 31.11.2）。ただし，過払い賃金を次回以降の賃金から控除すること（**調整的相殺**）については，一定の要件の下に（時期，方法，金額などから見て労働者の経済生活の安定を害しないとき）許される（福島県教組事件，最判昭 44.12.18）。

> [判例] **調整的相殺**　　　　　　　　　　（福島県教組事件，最判昭 44.12.18）
>
> 　賃金支払事務においては，賃金減額事由が賃金支払日に接着して生じた等のため賃金過払いのあることは避け難いので，これを調整するため後に支払われるべき賃金から控除することには合理的理由がある。この場合の過払い賃金の不当利得返還請求権を自働債権とし，その後の給与請求権を受働債権とする相殺は，過払いのあった時期と賃金の清算調整の実を失わない程度に合理的に接着した時期においてなされ，また，労働者に予告されるとかその額が多額にわたらないとか，労働者の経済生活の安定を脅かすおそれのないときには，全額払いの原則に違反しない。

　ここで禁止されるのは使用者の行う相殺であって，**労働者の行う相殺は許される**。また，**使用者の行う相殺でも労働者の自由な意思に基づく同意があれば有効である**（日新製鋼事件，最判平 2.11.26）。

② 例　外

　　1 ）法令に別段の定めがある場合（**例** 給与所得の源泉徴収等）

　　2 ）**労使協定**に別段の定めがある場合（**例** 労働者の社宅費の控除，チェックオフ協定[11]等）

（5）毎月1回以上払いの原則・一定期日払いの原則

① 原　則

　労働者の生活の安定を図る趣旨から，認められた原則である（労基法24条2項本文）。したがって，「第○週の○曜日払い」といった支払いは許されない。しかし，月末払いは毎月の一定期日なので許される。

② 例　外

　臨時に支払われる賃金，賞与その他これに準じるもので命令で定める賃金（臨時の賃金等，同項但書）である。例としては，1か月を超える期間を基礎として算定される精皆勤手当等がある。

---

11 ）チェックオフ協定とは，使用者が労働組合員たる労働者の賃金から組合費を控除して，一括して組合に引き渡す旨の労使協定をいう。これは賃金全額払いの原則に抵触するため，労働基準法24条1項但書の労使協定（過半数組合または過半数の労働者を代表する者との協定）が必要である（済生会中央病院事件，最判平元.12.11）が，これに加えて，個々の労働者の委任も必要であり，特定の組合員から中止の申入れを受けたときは，使用者は当該組合員に対するチェックオフを中止しなければならないとするのが判例である（エッソ石油事件，最判平5.3.25）。

〈表4 賃金支払いの5原則と例外〉

原則	例外（具体例）
①通貨払いの原則	ⅰ）法令に別段の定めある場合（現在は定めなし） ⅱ）労働協約に別段の定めある場合（業績不振の際に賞与を会社の製品で支払う） ⅲ）命令（厚生労働省令）で定める賃金について確実な支払いの方法で命令で定めるものによる場合（退職手当を小切手で支払う，賃金を口座振込みで支払う）
②直接払いの原則	労働者の使者への支払い（本人への支払いと同一視され，適法である）
③全額払いの原則	ⅰ）法令に別段の定めある場合（給与所得の源泉徴収） ⅱ）労使協定に別段の定めある場合（社宅費の控除，チェックオフ）
④毎月1回以上払い ⑤一定期日払い の原則	臨時に支払われる賃金，賞与その他これに準じるもので命令で定める賃金（一定の条件を充たす精皆勤手当）

3. 平均賃金

（1）平均賃金の算定

平均賃金の算定は，次の算式による（労基法12条1項）。

$$平均賃金 = \frac{3か月間に支払われた賃金総額}{3か月間の総日数（暦日数）}$$

　まず，「**3か月間**」とは，平均賃金を「**算定すべき事由の発生した日以前3か月間**」のことを指す。つまり，平均賃金の算定事由（後掲）の発生日は含まず，その前日から遡って3か月間となる。例えば，4月10日に算定事由が発生した場合には，4月9日から遡って3か月前の1月10日までとなる。ただし，賃金締切日がある場合は「直前の賃金締切日から起算する」ので，直前の賃金締切日から遡って3か月間となる（同条2項）。

次に、「**賃金総額**」には、算定期間中に支払われる労働基準法 11 条に規定された賃金のすべてが含まれる（未払賃金も含めて計算する）。ただし、①臨時に支払われた賃金、②3 か月を超える期間ごとに支払われる賃金、③通貨以外のもので支払われた賃金で一定の範囲に属しないものは、賃金総額から控除される（同条 4 項）。

（2）平均賃金の算定事由（平均賃金が支払われる場合）

① 解雇予告手当（労基法 20 条 1 項本文後段）

② 休業手当（同 26 条）

③ 年次有給休暇の賃金（同 39 条 9 項本文）

④ 災害補償（同 76 条 1 項、77 条、79 条〜82 条）

⑤ 減給の制裁の制限額（同 91 条）

4．最低賃金

最低賃金の制度は、最低賃金法に基づき、国が賃金の最低限度を定め、使用者が最低賃金額以上の賃金を支払わなければならないとする制度である。最低賃金額より低い賃金は、労働者と使用者の双方の合意のうえで定めたとしても当然に無効となり、**最低賃金額と同額の定めをしたとみなされる**（最賃法 4 条 2 項）。

最低賃金の決定方法は、①産業や職種にかかわりなく各都道府県において定められた**地域別最低賃金**と、②地域別最低賃金より金額水準の高い最低賃金を定めることが必要と認めた特定の産業について定められた**特定最低賃金**の 2 種類がある。現在は①が主流である。

5．非常時払い

毎月の給料だけに頼っている労働者にとって、妻の出産費用や娘の結婚費用などの急な出費が必要となる場合がある。自分自身が病気になることもありうる。

そのようなとき労働基準法では、給料日（支給期日）を待たずに、それまで

に働いた分の給料を労働者に支払って，救済する制度を設けている。つまり，使用者は，労働者が出産，疾病，災害その他命令で定める非常の費用に充てるために請求する場合においては，支払期日前であっても，既往の労働に対する賃金を支払わなければならないと規定している（労基法 25 条）。

6．休業手当

① 賃金の支払いにおいては，**ノーワーク・ノーペイ**（働かない者には賃金は払わない）が原則である（民法 623 条）。しかし，労働基準法は，労働者の最低生活の保障を図るため，「**使用者の責に帰すべき事由による休業**の場合においては，使用者は，休業期間中その労働者に，その平均賃金の 100 分の 60 以上の手当を支払わなければならない」と規定した（労基法 26 条）。これが，休業手当である。

② ところで，休業（労務提供義務の不履行）が使用者（債権者）の責めに帰すべき事由の場合には，労働者には賃金請求権が存続する（危険負担の債権者主義，民法 536 条 2 項）。そこで，労働基準法 26 条と民法 536 条 2 項の両者の関係が問題となるが，労働基準法 26 条の「使用者の責に帰すべき事由」は，民法 536 条 2 項の「債権者の責に帰すべき事由」よりも広いと一般に解されている。すなわち，労働基準法 26 条の「使用者の責に帰すべき事由」には，民法上の帰責事由とはならない，使用者側に起因する経営，管理上の障害（**経営障害**）が含まれる。その例としては，旧通産省の操短勧告による紡績業の操業短縮，親会社の経営難のための資金，資材の獲得困難が挙げられる。なお，争議行為と休業手当については，第 2 章第 4 節を参照されたい。

1 賃金とは，名称のいかんを問わず，労働の対償として使用者が労働者に支払うものをいう。

2 賞与・退職金も，支給条件が明確であれば賃金に該当するが，賞与における在籍要件や退職金を懲戒解雇の場合に不支給とすることは，必ずしも否定されない。

3 賃金を小切手で支払うことは，通貨払いの原則に反し，原則として許されない。

4 労働者の代理人や賃金債権の譲受人に賃金を支払うことは，直接払いの原則に反し許されないが，労働者の使者への支払いは認められる。

5 使用者が労働者に対する金銭債権と賃金との相殺をすることは，全額払いの原則に反し許されないが，労働者による相殺は許される。

6 チェックオフをするには，全額払いの原則の例外要件としての労使協定のほか，個々の労働者による委任が必要である。

7 使用者の責めに帰すべき事由による休業の場合には，労働者は休業手当を請求できるが，ここにいう帰責事由は故意または過失よりも広く，経営上の障害も含む。

Exercise

問題①　賃金に関する次の記述のうち，妥当なものはどれか。

1 賃金とは，賃金または給与という名称で労働の対償として支払われるものをいうから，通勤手当は賃金に該当しない。

2 使用者が恩恵的・儀礼的に支払うものは賃金には該当しないので，結婚祝金等は，たとえ支給条件が就業規則で明確にされていても賃金には該当しない。

3 賃金は使用者が支払うものをいうから，客の支払うチップは，労働の対償ではあっても賃金には該当しない。

4 支給条件が明確な賞与は賃金に該当するから，支給日以前に退職した者に対しても，賞与査定対象期間に在職していた以上，相当額を支払わなければならない。

5 賃金請求権（退職金請求権を除く）は，1年の消滅時効にかかる。

- -

解説

1 誤。賃金は名称を問わないので（労基法11条），通勤手当・家族手当等の名称のものであっても，就業規則等により支給条件が明確になっていれば「労働の対償」であって賃金に該当すると解されている。

2 誤。結婚祝金等の慶弔金は，明確な支給条件がなく，任意的・恩恵的な性格を有するものは「労働の対償」とはいえないが，就業規則等により支給条件が明確にされているものについては，やはり「労働の対償」として賃金に該当すると解されている。

3 妥当な記述である。賃金とは「使用者が労働者に支払うもの」をいう（同11条）から，客から直接手渡されるチップはこれに該当せず，賃金といえない。

4 誤。賞与については，就業規則等により支給日の在籍者に限り支払うとすること（在籍要件）も，それが合理的で明確な基準である限り違法とはいえない（大和銀行事件，最判昭57.10.7）。したがって，そのような規定に基づき支給日前の退職者には不支給とすることも許される。

5 誤。賃金（退職金を除く）の消滅時効期間は2年とされている（労基法115条）。

解答　3

問題②　賃金に関する次の記述のうち，妥当なものはどれか。

1 使用者は，労働者が病気で休暇中のため生計をともにしている妻が賃金を受け取りに来た場合においても，これに賃金を支払うことができない。

2 使用者は，資金繰りがつかないときは，労働基準監督署長の許可を得たときに限り，1か月間賃金の支払いを延期することができる。

3 未成年者は，独立して賃金を請求することができず，親権者または後見人は，未成年者の賃金を代わって受け取ることができる。

4 使用者は，労働者の過半数で組織する労働組合との協定に基づいて，社宅の家賃を控除したうえで，賃金を労働者に支払うことができる。

5 使用者は，労働組合のない場合には，個々の労働者の同意を得たときに限り，賃金を通貨以外のもので支払うことができる。

• •

解説

1 誤。本肢のような場合には，いわゆる「使者」に対する支払いとして，直接払いの原則には反しないと解されている。

2 誤。労働基準監督署長の許可に基づく賃金の支払延期の制度は存在しない。

3 誤。未成年者は，独立して賃金を請求することができる。また，親権者または後見人は，未成年者の賃金を代わって受け取ることは許されない（労基法 59 条後段）。

4 妥当な記述である。労働基準法は，本肢のような労使協定（賃金控除協定）を，全額払いの原則の例外として認めている（同 24 条 1 項但書後段）。

5 誤。通貨払いの原則の例外が認められるのは，法定または労働協約の事由（同 24 条 1 項但書前段）に限られる。たとえ個々の労働者の同意がある場合であっても，通貨以外のもので支払うことは許されない。

解答　**4**

問題③　賃金に関する次の記述のうち，妥当なものはどれか。

1 賃金は通貨で支払わなければならないのが原則であるが，小切手は経済的には通貨と同一の機能を営んでいるので，小切手により支払うことも許される。

2 具体的に発生した賃金債権を譲渡することは労働者の自由であるが，譲渡がなされた場合でも，使用者は直接労働者本人に対して賃金を支払わなければならない。

3 賃金は一定の期日を定めて支払わなければならないのが原則であるが，支払日が確定していれば2か月に1回支払うことにしても差し支えない。

4 労働基準法にいう賃金とは，原則として基本給のことのみを意味し，賞与や手当については，通貨払い，直接払い，全額払い，一定期払いの原則（毎月1回以上払い，一定期日払いの原則）は適用されない。

5 使用者が労働者に対して債務不履行による損害賠償債権を有するときは，使用者は，この債権をもって賃金債権と相殺することができる。

・・

解説

1 誤。経済社会では小切手は通貨と同一の機能を営んでいるが，小切手が常に支払いを受けられるとは限らず，通貨に比べ受取人に若干の危険と不便を生じる。したがって小切手による支払いは，通貨払いの原則に違反する。

2 妥当な記述である。直接払いの原則は，労働者が賃金債権を譲渡した場合にも適用される。したがって，この場合でも賃金債権の譲受人に対して支払うことは許されない（小倉電報電話局事件，最判昭43.3.12）。

3 誤。賃金は毎月1回以上支払われなければならず，2か月に1回という支払方法は労働基準法に違反する（労基法24条2項）。

4 誤。労働基準法によると，賃金とは，労働の対償として使用者が労働者に支払うすべてのものをいい，その名称を問わない（同11条）。したがって，賃金支払い5原則は，賞与や手当などにも適用され得る。

5 誤。判例は，「全額払いの原則より，賃金債権に対して，債務不履行による損害賠償請求権をもって相殺することは許されない」（関西精機事件，最判昭31.11.2）と解している。

解答　**2**

問題④　労働基準法上の割増賃金に関するA～Dの記述のうち妥当なもののみをすべて挙げているのはどれか。

A　労働基準法第37条では，時間外労働または休日労働について，使用者が労働基準法上の要件を具備して行わせた場合に，一定の率で計算した割増賃金を支払うことを定めているため，労働基準法上の要件を具備せずに行われた違法な時間外労働や休日労働については，割増賃金の支払義務は発生しない。

B　一定の資格を得ることが昇進等の条件となっている場合において，使用者が資格の取得に資するために就業時間外に行っている研修に労働者が参加した場合，たとえその研修への参加が自主的であり，かつ参加しなかったとしても何ら不利益な取扱いを受けないなど実質的に参加が強制されていないと認められる場合であっても，研修への参加によって法定労働時間を超えた場合には，割増賃金を支払う必要がある。

C　ある労働者が午前中に甲事業場で働き，午後から同一使用者の乙事業場で働くような場合で，一事業場における労働時間が法定労働時間以内であっても，二事業場の労働時間を通算して1日の法定労働時間を超えて労働させたときは，割増賃金を支払う必要がある。

D　休日の振替えにはあらかじめ振替休日を指定したうえで特定の休日を労働日とする事前の振替えと，休日に労働させた後に代休日を与える事後の振替えがあるが，いずれの場合においても本来の休日に行われた労働は休日労働ではなくなるため，休日労働に係る割増賃金を支払う必要はない。

1　A
2　C
3　A，D
4　B，C
5　B，C，D

- -

解説

A　誤。労働基準法上の要件を具備せずに行われた違法な時間外労働や休日労働についても，使用者に割増賃金の支払義務が発生するとするのが判例である（小島撚糸事件，最判昭35.7.14）。

B　誤。労働時間とは，労働者が使用者の指揮命令下に置かれている時間である

ところ（大星ビル管理事件，最判平14.2.28），就業時間外に行っている研修に労働者が参加した場合，研修への参加が自主的であり，かつ，参加しなかったとしても何ら不利益な取扱いを受けないなど，実質的に参加が強制されていない場合は，研修に参加している時間は労働時間に含まれない（八尾自動車興産事件参照，大阪地判昭58.2.14）。

C　妥当な記述である。労働時間は，事業場を異にする場合においても，労働時間に関する規定の適用については通算する（労基法38条1項）。したがって，使用者は，一事業場における労働時間が法定労働時間以内であっても，二事業場の労働時間を通算して1日の法定労働時間を超えて労働させたときは，割増賃金を支払う必要がある（同37条1項）。

D　誤。前半の事前の振替えと事後の振替えの説明は正しい。しかし，後半が誤っている。事後の振替えの場合には，本来の休日に行われた労働は，休日労働に当たるため，休日労働の規定（同33条1項，36条）に依拠することを要し，かつ，割増賃金を支払う必要がある（同37条1項）。

以上より，Cのみが妥当であり，正解は**2**である。

解答　2

労働時間, 休日・休憩, 年次有給休暇

労働時間の短縮という観点から，頻繁に改正が行われている分野であり，本試験での頻出分野でもあります。各概念やその原則・例外をしっかり頭に入れておきましょう。

1．労働時間の規制

（1）法定労働時間

① 　1日について8時間（労基法32条2項）

② 　1週間について40時間[12]（同条1項）

　法定労働時間と区別すべき概念として**所定労働時間**がある。所定労働時間とは，**就業規則や労働契約などで定められた労働時間**であり，始業時刻から終業時刻まで（休憩時間を除く）を指すと考えてよい。所定労働時間は法定労働時間の範囲内で定めることができる。例えば，「1日6時間，1週30時間」を所定労働時間として定めることはできるが，「1日10時間，1週50時間」を所定労働時間として定めることはできない。

（2）労働時間の概念

　労働基準法上の**労働時間**とは，**休憩時間を除く実労働時間**のことを指す（労基法32条1項・2項）。ただし，坑内労働については休憩時間をも含む（同38条2項）。なお，労働基準法上の労働時間は，事業場を異にする場合においても通算される（同条1項）。事業主を異にする場合にも同様に通算されるかについては肯定説が有力である。

　この労働基準法上の労働時間（以下，単に「労働時間」と呼ぶ）とは，以下のいずれかに該当する時間を指す。

① 　**使用者の指揮監督のもとにある時間**

② 　**使用者による明示もしくは黙示の指示により業務に関連した行為をなす時間**

12）常時10人未満の労働者を使用する物品販売，演劇，病院，旅館等の事業（特例事業）は，1週間について44時間，1日について8時間まで労働させることができる（労基法規則25条の2第1項）。

①との関連では，いわゆる**手待時間や作業所への移動時間**等が労働時間となりうる。②との関連では，機械の点検はもちろん，社内運動会でさえも参加が義務的であれば労働時間となりうる。

[判例] **手待時間** （大星ビル管理事件，最判平 14.2.28）
　労働基準法 32 条の労働時間とは，**労働者が使用者の指揮命令下に置かれている時間**をいい，実作業に従事していない仮眠時間（不活動仮眠時間）が労働基準法上の労働時間に該当するか否かは，労働者が不活動仮眠時間において使用者の指揮命令下に置かれたものと評価することができるか否かにより**客観的に定まるもの**というべきである。不活動仮眠時間において，労働者が実作業に従事していないというだけでは，使用者の指揮命令下から離脱しているということはできず，当該時間に労働者が労働から離れることを保障されていて初めて，労働者が使用者の指揮命令下に置かれていないものと評価することができる。仮眠時間中，労働契約に基づく義務として，仮眠室における待機と警報や電話等に対して直ちに相当の対応をすることが義務づけられている場合には，労働からの解放が保障されているとはいえず，労働契約上の役務の提供が義務づけられており，仮眠時間中の不活動仮眠時間も含めて指揮命令下に置かれていると評価できるので，本件の仮眠時間は労働基準法上の労働時間に当たる。

[判例] **作業所への移動時間** （三菱重工業長崎造船所事件，最判平 12.3.9）
　労働基準法 32 条の労働時間とは，労働者が使用者の指揮命令下に置かれている時間をいい，労働時間に該当するか否かは，労働者の行為が使用者の指揮命令下に置かれたものと評価することができるか否かにより客観的に定まるもので，**労働契約，就業規則，労働協約等の定めのいかんにより決定されるべきものではない。**
　Xらが，Y会社から，実作業に当たり，作業服および保護具等の装着を義務づけられ，また，右装着を事業所内の所定の更衣室等において行うものとされていた場合，右装着および更衣所等から準備体操場までの移動は，Y会社の指揮命令下に置かれたものと評価することができる。さらに，Xらは，実作業の終了後も，更衣所等において作業服および保護具等の離脱等を終えるまでは，いまだY会社の指揮命令下に置かれているものと評価することができる。

（3）労働時間規制の弾力化

　労働基準法は，社会・経済のサービス化，業務の多様化に伴って労働時間規制を弾力化する要請に応じるため，①事業場外労働のみなし労働時間制，②裁量労働制，③変形労働時間制の各規定を置いている。このうち，③については次項で説明することとし，ここでは①・②について説明する。

①　事業場外労働のみなし労働時間制

　労働者が労働時間の全部または一部を**事業場施設の外で業務に従事**した場合において，**労働時間を算定しがたいときは**，所定労働時間だけ労働したものとみなすものである（労基法38条の2）。取材記者・外勤営業員の業務や出張などに適用される。

　ただし，当該業務を遂行するために通常所定労働時間を超える労働が必要となる場合には，当該業務の遂行に通常必要とされる時間（**通常必要時間**）だけ労働したものとみなされる[13]。

②　裁量労働制

　一定の専門職および企業の中枢部門で企画・立案等に携わる労働者について，**実際の労働時間数にかかわりなく**，労使協定等で定めた労働時間だけ労働したものとみなす制度である（同38条の3，38条の4）。労働者の自律性・裁量性の高い業務について，具体的な業務遂行についての時間的拘束をなくすことにより，能力発揮を期待したものである。以下の2種類があり，両者の要件は若干異なる。

1）専門業務型裁量労働制

　　業務の性質上その遂行の方法を大幅に労働者の裁量に委ねる必要のある業務について認められる（同38条の3）。具体的には，新商品・新技術の研究開発，情報処理システムの分析・設計，新聞・放送番組等の取材・編集・制作，コピーライター，公認会計士・税理士・弁護士等の業務が挙げられている（労基法規則24条の2の2第1項）。

　　この場合，対象業務，みなし労働時間，有効期間等を定めた**労使協定**を

13）通常必要時間は労使協定によって定めることができる（労基法38条の2第2項）。この場合，労使協定で定める通常必要時間が法定労働時間を超える場合は，行政官庁（所轄労働基準監督署長）への届出が必要となる（同条3項，労基法規則24条の2第3項）。

締結し, 行政官庁へ届け出ることを要する (労基法38条の3第2項)。

2) 企画業務型裁量労働制

　事業運営上の重要な決定が行われる事業場における, 事業運営についての企画・立案・調査・分析の業務であって, その遂行の方法を大幅に労働者に委ねる必要のあるものについて認められる (同38条の4)。事業の中枢部門で企画・立案等に携わるホワイトカラーが対象労働者に該当する。

　しかし, 対象労働者が不当に拡大・濫用されるおそれがあるため, 事業場に設けられる**労使委員会の委員の5分の4以上の多数による議決**と行政官庁への届出が要求されている (同条1項)。

(4) 変形労働時間制

　変形労働時間制とは, 一定期間の総労働時間数が法定労働時間内であることを前提として, 1週あるいは1日当たりの労働時間については法定労働時間を超過することを許容するものである (労基法32条の2～32条の5)。季節・月・週・曜日により繁閑の差がある業務に対応するためのものである。変形労働時間制には四つの形態があり, 各々要件が異なる。

〈表5　変形労働時間制の種類〉

①フレックスタイム制 (32条の3)	3か月以内の一定の期間 (清算期間) を平均して1週間当たりの労働時間が40時間を超えないように総労働時間を定めておき, 労働者がその範囲内で各日の始業および終業の時刻を選択して労働する制度
②1か月単位の 変形労働時間制 (32条の2)	1か月以内の一定の期間を平均し, 1週間当たりの労働時間が40時間を超えない範囲内で, 特定の週または特定の日に法定労働時間を超えて労働させることができる制度
③1年単位の 変形労働時間制 (32条の4)	1か月を超え1年以内の一定期間を平均し, 1週間当たりの労働時間が40時間を超えない範囲で, 特定の週または特定の日に法定労働時間を超えて労働させることができる制度
④1週間単位の非定型的 変形労働時間制 (32条の5)	日ごとの業務に著しい繁閑が生じることが多い場合等に, 1週間を単位として, 1日の労働時間を10時間まで延長することを認める制度

〈表6　変形労働時間制の概要〉

	①フレックス	②1か月単位	③1年単位	④1週間単位
手続き	就業規則等および労使協定	就業規則等または労使協定	労使協定	労使協定
労働時間等の特定	始業・終業を労働者が決定	就業規則等または労使協定での特定が必要	労使協定での特定が必要	1週間の開始前に書面で各労働者に通知
労使協定の届出	清算期間が1か月超の場合は必要	労使協定で定めた場合は必要	必要	必要
業種・規模による制限	なし	なし	なし	常時使用労働者が30人未満の小売業・旅館・料理店・飲食店
週平均労働時間	40時間（特例事業は清算期間が1か月以内であれば44時間）	40時間（特例事業は44時間）	40時間	40時間
労働時間の限度	なし	なし	1日：10時間 1週：52時間	1日：10時間 1週：40時間

　このうち，**フレックスタイム制**は，労使協定において3か月以内（2019年施行の労働基準法改正で1か月から3か月に延長）の単位期間（**清算期間**）における総労働時間を定め，その枠内での1日の労働時間については労働者の裁量に委ねるものである。裁量労働制と同じく労働者の裁量性の高い業務に適した制度であるが，この場合，清算期間の総労働時間はこの期間に対応する**法定労働時間の枠内**でなければならず[14]，これを超えた場合には**時間外労働**とな

14）清算期間が1か月を超える場合には，清算期間の総労働時間が法定労働時間の枠内を超えないこと（清算期間全体の労働時間が週平均40時間を超えないこと）に加え，1か月ごとの労働時間が週平均50時間を超えないことも必要となる（労基法32条の3第2項）。

る点で異なる。また，1日の労働時間帯について，労働者の裁量に委ねるフレキシブルタイムと，必ず勤務すべきコアタイムとを設ける例が多いが，すべてフレキシブルタイムとすることもできる。

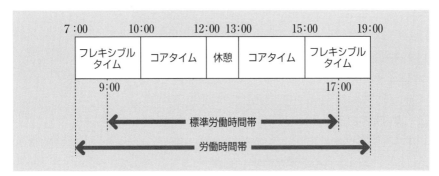

〈図9　フレックスタイム制の具体例〉

2．休憩・休日

（1）休　憩

① 休憩時間の長さ

　1）労働時間に対する休憩の長さ（労基法34条1項）
　　・労働時間数が6時間以内―――▶与えなくてもよい
　　・6時間超～8時間以内―――▶45分以上
　　・8時間を超えるとき―――▶1時間以上
　2）休憩時間の意義
　　休憩時間とは，労働者が労働時間の途中において休憩のために労働から完全に解放されている時間をいう[15]。したがって，本来の作業に従事していない時間であっても，電話の収受を義務づけられているなど，労働から解放されていなければ，休憩時間には当たらない。労働時間の途中であれば，休憩時間の位置や分割付与については，労使自治に委ねられている。

15）休憩時間は労働時間に含めないのが原則であるが，坑内労働について，労働者が坑口に入った時刻から坑口を出た時刻までの時間を「休憩時間を含め労働時間とみなす」という例外がある（労基法38条2項）。

②　一斉付与の原則

　休憩時間は一斉に与えられなければならない（同条2項本文）。この原則は事業場単位で適用される。ただし，以下の場合等には一斉付与の原則は適用されない。

　　1）労使協定による取決めのある場合（同項但書）
　　2）坑内労働の場合（同38条2項）
　　3）いわゆるサービス業の場合（同40条1項・労基法規則31条）
　　4）労働基準法41条の適用除外者（管理監督者等）

③　自由利用の原則

　休憩時間の意義からすれば，休憩時間を自由に利用できる（労基法34条3項）のは，むしろ当然であり，使用者がこれを害してはならないという点に意味があるといえよう。

　ただし，休憩時間は，労働の途中で与えられるものであり，また企業施設内で過ごすのが通常であるから，一定の内在的な制約下に置かれることも否定しえない。この点をめぐっては，例えば，休憩時間中の食堂等での**ビラの配布等を使用者の許可制**に係らしめることが許されるかが問題となるが，企業秩序が乱されるおそれがある場合には許される（目黒電報電話局事件，最判昭52.12.13）。また，行政解釈は，**外出許可制は必ずしも違法**とはならないとしている。

　なお，以下の者には自由利用の原則は適用されない。

　　1）坑内労働者（同38条2項）
　　2）警察官，消防団員など（同40条1項，労基法規則33条）
　　3）労働基準法41条の適用除外者（管理監督者等）

（2）休　日

①　週休制の原則

　これは，休日は，**原則として毎週少なくとも1回与えなければならない**ということである（労基法35条1項）。

　休日は，労働契約において労働者が労働義務を負わない日である。企業の諸種の「休暇」とは区別される。1回の休日とは，継続24時間ではなく，原則として，暦日，すなわち午前0時から午後12時までを意味する。休日を毎週

のどの日に位置づけるかは, 労使自治に委ねられている。したがって, **休日は日曜日である必要はない。**また, 祝日を休日とすることが義務づけられているわけでもない。

② 変形週休制

これは, **4週間を通じて4日以上の休日を与える場合には, 必ずしも毎週1回休日を与えなくてもよい**という制度である（同条2項）。そして, 1週1日の休日（週休制の原則）または4週4日の休日（変形週休制）のことを**法定休日**という。これに対し, 就業規則等で定められた休日のうち法定休日に該当しない休日のことを**所定休日**（法定外休日）という。

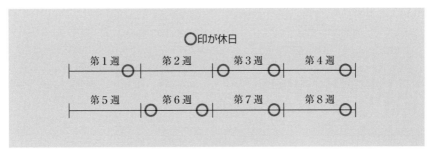

〈図10　変形週休制〉

③ 休日の振替え

1）事前の振替え

　労働基準法上の1週1日または4週4日の休日の要件を充たす範囲内で, 労働者の同意（就業規則や労働協約でも足りる）がある場合に, あらかじめ振替休日の日を指定したうえで, いったん特定した休日を他の日に振り替えることをいう。この場合の勤務は, 休日労働ではない。

2）事後の振替え

　労働者の同意（就業規則や労働協約でも足りる）があるが, あらかじめ休日の振替えを指定することなく特定の休日に労働させ, 後に代休日を与えることをいう。この場合, 特定の休日が労働基準法上の法定休日であれば, 事前の振替えの場合と異なり, 休日労働となる。

3．労働時間等の適用除外と例外

（1）概　要

　労働時間等を労働基準法によって一律に規制することは，必ずしも適切ではない場合もある。そのため，労働時間等の適用を除外したり，適用するものの例外も認めたりといった取扱いがなされている。

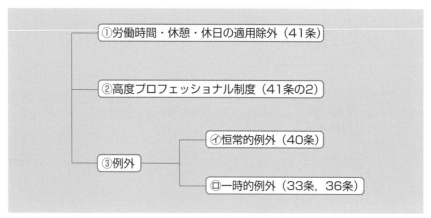

〈図 11　除外と例外の概要〉

（2）労働時間・休憩・休日の適用除外

　以下の三つのタイプの労働者に対しては，労働基準法上の労働時間，休憩，休日に関する規定は全面的に適用が除外されている（労基法 41 条）。ただし，年次有給休暇，深夜業の割増賃金に関する規定の適用はあることに注意。

①　農業・畜産・水産業に従事する者

　これらの者は，自然的条件に影響されやすいからである（同条 1 号）。

②　管理監督者・機密事務取扱者

　特に**管理監督者**（同条 2 号）の該当性が問題となる。管理監督者に該当するかどうかは，**役職名ではなく，その職務内容，責任と権限，勤務態様等の実態によって判断すべきである**と解されている。したがって，いわゆる「管理職」（店長・支店長等）の役職にある労働者でも，十分な権限がなく，相応の待遇

が与えられていない場合等は，管理監督者に当たらない（日本マクドナルド事件，東京地判平 20.1.28 等）。

③　監視・断続的労働従事者

守衛が典型例であるが，行政官庁の許可が必要である（同条 3 号）。

（3）高度プロフェッショナル制度

高度プロフェッショナル制度（特定高度専門業務・成果型労働制）とは，高度の専門的知識等を有し，職務の範囲が明確で年収要件（1,075 万円以上）を充たす労働者を対象に，**労使委員会の決議**および**労働者本人の同意**を前提として，**年間 104 日以上の休日確保措置**や健康管理時間の状況に応じた健康・福祉確保措置等を講じることで，労働基準法上の**労働時間，休憩，休日，深夜の割増賃金に関する規定を全面的に適用しない**制度である（労基法 41 条の 2）。平成 31 年 4 月施行の労働基準法改正によって新設された制度で，**高プロ制度**と省略されることが多い。

事業場において高プロ制度を導入するには，事業場の労使委員会において，以下の項目について委員の 5 分の 4 以上の多数による決議をして，行政官庁に届出をすることが必要である[16]（同条 1 項，労基法規則 34 条の 2）。

①　対象業務

新たな技術・商品・役務の研究開発業務，金融商品の開発業務，ファンドマネージャー・ディーラー・トレーダーの業務等が該当する（労基法 41 条の 2 第 1 項 1 号）。ただし，対象業務に従事する時間に関し**使用者から具体的な指示を受けて行うものは含まれない**。

②　対象労働者の範囲

対象労働者は，年収 1,075 万円以上で，**対象業務に常態として従事**しており，使用者との間の合意に基づき職務が明確に定められていることが必要である（同項 2 号）。

③　健康管理時間の把握

対象労働者の健康管理時間（対象労働者が事業場内にいた時間と事業場外に

16）行政官庁に届出をした後も，決議項目のうち④⑤⑥の実施状況を行政官庁に報告しなければならない（労基法 41 条の 2 第 2 項）。報告の頻度は，決議が行われた日から起算して 6 か月以内ごとである（労基法規則 34 条の 2 の 2）。

おいて労働した時間との合計の時間）を把握する措置を使用者が実施すること
や，事業場における健康管理時間の把握方法を，決議で明らかにすることが必
要である（同項3号）。

④ **休日の確保**

　対象労働者に**年間104日以上，かつ，4週4日以上の休日**を与えなければ
ならない（同項4号）。決議で休日の取得手続きを具体的に明らかにすること
が必要である。

⑤ **選択的措置**

　勤務間インターバルの確保（始業時刻から24時間を経過するまでに11時間
以上の休息期間を確保）と深夜業の回数制限（1か月に4回以内），または1
年に1回以上の連続2週間の休日を与えること等のうち，いずれかの措置を決
議で定めて，それを実施しなければならない（同項5号）。

⑥ **健康管理時間の状況に応じた健康・福祉確保措置**

　医師による面接指導，代償休日または特別な休暇の付与，適切な部署への配
置転換等のうち，いずれかの措置を決議で定めることが必要である（同項6
号）。

⑦ **同意の撤回に関する手続き**

　対象労働者の同意の撤回に関する手続きを決議しなければならない（同項7
号）。なお，同意を撤回した対象労働者を，そのことを理由として不利益に取
り扱ってはならない（同項9号）。

⑧ **苦情処理措置**

　対象労働者からの苦情の処理に関する措置を使用者が実施することや，その
具体的内容を決議しなければならない（同項8号）。

⑨ **不利益取扱いの禁止**

　対象労働者に高プロ制度を適用するには，使用者は，決議に従い，対象労働
者に決議内容等を**書面で明示したうえで，その対象労働者の同意を得る**ことが
必要である。この同意をしなかった労働者に対して，解雇その他不利益な取扱
いをしてはならないことを決議しなければならない（同項9号）。

⑩ **その他厚生労働省令で定める事項**

　決議の有効期間の定めや，当該決議については再度決議をしない限り更新さ

れないこと等を決議しなければならない（同項10号）。

（4）恒常的例外

　労働基準法は，労働時間・休憩について公衆の不便を避けるための必要性という観点から，特定の事業について命令で例外を設けることを許容している（労基法40条1項）。

① 　労働時間の例外として，常時10人未満の零細規模の商業・サービス業について1週44時間など（労基法規則25条の2〜26条）

② 　休憩の例外として，坑内労働についての一斉付与・自由利用原則の排除（労基法38条2項），サービス業についての一斉付与原則の排除など（労基法規則31条〜33条）。

　上記の例外は，労働基準法の基準に近いもので，労働者の健康および福祉を害しないものでなければならないという制限がある（労基法40条2項）。

（5）一時的例外

　以下の三つの場合は，一時的な労働時間の例外（時間外労働）と休日の例外（休日労働）が認められる。ただし，**いずれの場合も割増賃金の必要がある。**

① 　**災害などによる臨時の必要のある場合（非常事由）**

　行政官庁の許可を受けて，その必要の限度で時間外労働・休日労働をさせることができる（労基法33条1項本文）。

　ただし，事態急迫で許可を受ける暇がないときは，事後に遅滞なく行政官庁へ届出をしなければならない（同項但書）。届出の後，行政官庁が不適当と認めた場合には，その後に休憩・休日を与えるべきことを命じることができる（同条2項）。

② 　**公務による臨時の必要のある場合**

　公務員の公務について認められるもので，行政官庁の許可や届出は要件とされていない（同条3項）。

③ 　**労使間協定（三六協定）が締結されている場合**

　事業場において時間外労働・休日労働に関する労使協定が結ばれている場合である（同36条）。詳細は後述する。

（6）労使間協定（三六協定）

① 意 義

使用者は，労働基準法に基づき，事業場の労働者の過半数で組織する労働組合（そのような労働組合がない場合は労働者の過半数を代表する者）との間で，時間外労働・休日労働に関して，書面によって労使協定を締結することができる（労基法36条）。36条に規定があることから，**三六協定**と呼ばれる。

後述する免罰的効果を生じさせる有効な三六協定を締結するためには，書面による労使協定の締結と，行政官庁（所轄労働基準監督署長）への届出が必要となる（同36条1項，労基法規則16条）。「労働者の過半数を代表する者」（**過半数代表者**）の選任に当たっては，管理監督者でないこと，協定締結者を選任する旨を明らかにした投票または挙手等の方法で選出すること，使用者の意向に基づいて選出された者でないことを要する（同6条の2第1項）。

② 三六協定の内容

三六協定には，以下の事項を定めなければならない（労基法36条2項）。特に4）の限度時間 [17] は，**1か月について45時間，1年について360時間**と規定されている [18]（同条4項）。この限度時間を超えて労働させようとする場合には，後述する特別条項付き三六協定の締結が必要である（同条5項）。

1）時間外労働または休日労働をさせることができる労働者の範囲
2）対象期間（時間外労働または休日労働をさせることができる期間をいい，**1年間に限る**ものとする）
3）時間外労働または休日労働をさせることができる場合
4）対象期間における**1日，1か月**および**1年**のそれぞれの期間について時間外労働をさせることができる時間（**限度時間**）または休日労働をさせることができる日数
5）時間外労働および休日労働を適正なものとするために必要な事項として命令で定める事項

17）かつては厚生労働大臣の告示で限度時間が設けられており，例えば，1か月単位の限度基準に代えて，2か月，3か月単位での限度基準を設けることも可能であった。しかし，労働基準法改正に伴い，平成31年4月（中小企業は令和2年4月）以降は，限度基準として「1日，1か月，1年」単位のみを定めることになる。
18）対象期間が3か月を超える1年単位の変形労働時間制においては，限度時間が1か月について42時間，1年について320時間となる（労基法36条4項括弧書）。

③ 特別条項付き三六協定

事業場における通常予見ができない業務量の大幅な増加等に伴い，臨時的に限度時間を超えて労働させる必要（**臨時的な特別の事情**）がある場合，**特別条項付き三六協定**を締結していれば，限度時間を超えて労働させることができる。ただし，特別条項付き三六協定を締結しても，時間外労働・休日労働については以下の規制が及ぶ[19]（同条6項，平成31年4月施行の労基法改正）。

1）時間外労働が**1年について720時間以内**

2）時間外労働と休日労働の**合計が1か月について100時間未満**

3）時間外労働と休日労働の合計について「2か月平均」「3か月平均」「4か月平均」「5か月平均」「6か月平均」が**すべて1か月当たり80時間以内**

4）時間外労働が1か月について45時間（対象期間3か月超の1年単位の変形労働時間制においては42時間）を超えることができるのは，**1年について6か月**が限度

④ 効 果

1）三六協定による直接の効果は，時間外労働・休日労働の禁止の例外を許容し，使用者が処罰を免れるというもの（**免罰的効果**）にすぎない。

2）労働者が時間外労働・休日労働義務を負うとするには，労働契約，就業規則，労働協約上の根拠が必要である。常に個別の同意を要するわけではない。

> [判例]**就業規則の根拠がある場合**　（日立製作所武蔵工場事件，最判平3.11.28）
> 使用者が，いわゆる三六協定を締結し，これを行政官庁に届け出，また，就業規則に当該三六協定の範囲内で業務上やむを得ない事由があれば労働者に時間外労働をさせることができる旨を定めている場合，当該就業規則の規定が合理的なものである限り，それが具体的労働契約の内容をなすから，労働者は労働契約上の時間外労働義務を負う。

---

[19] 三六協定を締結したとしても，特別条項の有無に関係なく，時間外労働と休日労働の合計は「月100時間未満」「2か月〜6か月平均がすべて80時間以内」にしなければならない（労基法36条6項2号，3号）。例えば，1か月間の時間外労働が45時間，休日労働が56時間というように合計100時間以上になると，労働基準法違反となる。さらに，坑内労働その他命令で定める健康上特に有害な業務については，1日当たりの時間外労働の時間を2時間以内にしなければならない（同項1号）。

3）労働者が現実に時間外労働・休日労働を行えば，**割増賃金**の支払義務が生じる（同37条）。

※**法内超勤**：所定労働時間が法定労働時間よりも少ない場合に，法定労働時間の範囲内での残業（例えば，1日7時間労働の場合の1時間の残業）を行うものである。この場合には特に労働基準法の規制はなく，労働契約等の根拠がある限り使用者はこれを命じうる。また割増賃金を支払うか否かも任意である。

（7）割増賃金

① 割増賃金を支払うべき場合

労働基準法は，以下の場合に割増賃金を支払うことを規定する（労基法37条）。もっとも，これは違法な時間外労働・休日労働（三六協定がないのに時間外労働・休日労働をさせた場合等）に対する割増賃金の支払義務を排除する趣旨ではない（小島撚糸事件，最判昭35.7.14）。

1）災害などによる臨時の必要がある場合の時間外労働・休日労働
2）公務による臨時の必要がある場合の時間外労働・休日労働
3）三六協定による時間外労働・休日労働
4）午後10時から午前5時までの間の労働（**深夜業**または**深夜労働**という）

② 割増賃金を支払わなくてよい場合

農業従事者や**管理監督者**といった「労働時間・休憩・休日の適用除外」（同41条）に該当する者については，**時間外労働と休日労働に対する割増賃金の支払義務はないが，深夜業に対する割増賃金の支払義務はある。**

これに対し，平成31年4月施行の労働基準法改正で新設された「**高度プロフェッショナル制度**」（同41条の2）の対象労働者については，**時間外労働，休日労働，深夜業に対する割増賃金の支払義務がない。**

③ 割増率

割増賃金は「通常の労働時間または労働日の賃金[20]の計算額」の割増率以上の率で計算したものとなる。割増率については以下のとおりである。なお，

20）割増賃金の基礎となる賃金には，家族手当，通勤手当その他命令で定める賃金は算入しない（労基法37条5項）。ただし，家族手当や通勤手当等であっても，労働者の個人的事情と関係なく一律支給されるものは算入される。

休日労働が8時間を超えても時間外労働の割増賃金は別途加算されない。

〈表7　割増賃金の額〉

	割増率
時間外労働	2割5分以上[21]
休日労働	3割5分以上
深夜業（深夜労働）	2割5分以上
時間外労働＋休日労働	3割5分以上
時間外労働＋深夜業 休日労働＋深夜業	⎰5割以上 ⎱6割以上

④　**固定残業代**

　名称にかかわらず，**一定時間分の時間外労働，休日労働，深夜業（深夜労働）に対して定額で支払われる割増賃金**のことである。**定額残業代またはみなし残業代**と呼ばれることもある。固定残業代の制度は，時間外労働，休日労働，深夜業に対する割増賃金の未払いの温床となりかねない。そのため，一般的に以下の事項が明示されていることが必要であると解されている。

　1）**固定残業代を除いた基本給の額**（基本給の部分と固定残業代の部分とを判別できるようにするため）

　2）固定残業代に関する労働時間数と金額等の計算方法

　3）固定残業時間を超える時間外労働，休日労働，深夜業に対して割増賃金を追加で支払う旨

21）月60時間を超えたときは，超えた部分のみ5割以上となる（労基法37条1項但書）。もっとも，中小企業は経過措置で努力義務にとどめられているので，令和5年3月までは原則どおり2割5分以上としてもよい。

4．年次有給休暇

（1）年休権の成立要件

① 　初年度は雇入れ日から起算して**6か月間**の継続勤務（労基法 39 条 1 項），次年度からは**1年間の継続勤務**（同条 2 項）
② 　それらの期間の全労働日の**8割以上出勤**していること（同条 1 項，2 項）
　1）①②の要件を充たすと，年休権が**法律上当然に発生**するので（林野庁白石営林署事件，最判昭 48.3.2），労働者による具体的な有給休暇の請求は，休暇日の指定（時季指定権の行使）にすぎない。

[判例] **年休権の法的性質**　　　　　　　（林野庁白石営林署事件, 最判昭 48.3.2)

　労働基準法 39 条 1 項, 2 項の要件が充足されたとき, 当該労働者は法律上当然に各項所定日数の年次有給休暇の権利を取得し, 使用者はこれを与える義務を負う。そして, 労働者が右の休暇日数の範囲内で具体的な休暇の始期と終期を特定して, 同条 5 項の時季指定をしたときは, 客観的に同項但書所定の事由が存在し, かつ, これを理由として使用者が時季変更権を行使しない限り, この指定によって当該労働日における労働者の就労義務は消滅する。

2）年休権の成立要件である出勤率 8 割の算定に当たって, 育児・介護休業期間, 無効な解雇により出勤できなかった期間（最判平 25.6.6）は, 全労働日に含んだうえで, 出勤扱いとすべきである（同条 10 項）。

3）パートタイム労働者でも, 通常の労働者と同様であるか, または所定労働日数に比例した有給休暇が付与される（**比例付与**, 同条 3 項）。

4）有給休暇のうち 5 日を超える部分については, **計画年休**（年休取得の時季につき, 労使協定による計画に従うもの）の制度がある（同条 6 項）。

5）労使協定によって時間単位で有給休暇を付与される対象になった労働者は, 1 年に 5 日以内に限って時間単位で有給休暇を取得できる（時間単位年休, 同条 4 項）。

6）平成 31 年 4 月施行の労働基準法改正で, **年 10 日以上の有給休暇が付与される労働者**に対して, 有給休暇の日数のうち**年 5 日については, 使用者が時季を指定して取得させる**ことが必要となった（時季指定義務, 同条 7 項）。ただし, 有給休暇を 5 日以上取得済みの労働者に対しては, 使用者による時季指定は不要である（同条 8 項）。

（2）年休の使途

　有給休暇をどのように利用するかは, **労働者の自由**であって使用者の干渉を許さない。ただし, **一斉休暇闘争**の目的のために, 年休を利用することは, 実質的には同盟罷業（ストライキ）に当たるから, **適法な年休権の行使とは認められない**（林野庁白石営林署事件, 最判昭 48.3.2)。

（3）時季変更権

　労働者が指定した時季に有給休暇を与えると，使用者の**「事業の正常な運営を妨げる場合」**には，使用者は**時季変更権**を行使し，他の時季に有給休暇を与えることができる（労基法39条5項但書）。これは有給休暇の取得に対する使用者の干渉が許される場面である。

　ただし，使用者は労働者が指定した時季に有給休暇を付与するよう配慮すべきなので，使用者が時季変更権を行使する「事業の正常な運営を妨げる場合」に当たるためには，**当該労働者の有給休暇取得日の労働が不可欠であり，かつ代替要員を確保するのが困難である**ことが必要であると解されている。

> [判例]　**時季変更権の行使**　　　　　　（横手統制電話中継所事件，最判昭62.9.22）
> 　労働基準法39条の趣旨は，使用者に対し，できる限り労働者が指定した時季に休暇を取得できるよう状況に応じた配慮をすることを要請しているものと解することができ，そのような配慮をせずに時季変更権を行使することは許されない。このことは，勤務割によりあらかじめ定められていた勤務予定日に休暇の時季指定がなされた場合でも同じであり，使用者は，労働者が指定した日に休暇が取れるように，代替勤務者を確保して勤務割を変更することが客観的に可能であるときにはそのための配慮をすることが要請される。使用者がその配慮をしなかった結果，代替勤務者が配置されなかったときは，必要配置人員を欠くことをもって本条5項但書にいう「事業の正常な運営を妨げる場合」に当たるとはいえない。

　使用者は，原則として労働者が指定した時季より前に，時季変更権を行使しなければならないが，指定時季前に時季変更権を行使する時間的余裕がなかったときは，指定時季後または時季経過後の時季変更権の行使が許される場合がある（電電公社此花電報電話局事件，最判昭57.3.18）。

[判例] **時季変更権の行使時期**

(電電公社此花電報電話局事件, 最判昭 57.3.18)

　使用者は, 事業の正常な運営を妨げる事情の有無を判断するのに必要かつ合理的期間内に意思表示をすべきであるから, 不当に遅れた時季変更権は効力を生じない。しかしながら, 労働者の時季指定が年休の始期に極めて接近してなされたため, 使用者において時季変更権を行使するか否かを判断する時間的余裕がなかったときには, 客観的に時季変更権行使の事由が存在し, かつその行使が遅滞なくなされた場合には, 年休開始または経過後になされても適法である。

　長期かつ連続の有給休暇の時季指定をした場合, これに対する使用者の時季変更権の行使については, 使用者にある程度の裁量的判断の余地を認める場合がある (時事通信社事件, 最判平 4.6.23)。

[判例] **長期・連続の時季指定に対する時季変更権行使**

(時事通信社事件, 最判平 4.6.23)

　労働者が, 使用者の業務計画, 他の労働者の休暇予定等との事前の調整を経ることなく, 始期と終期を特定して長期かつ連続の年次有給休暇の時季指定をした場合には, 時季変更権の行使において, 右休暇が事業運営にどのような支障をもたらすか, 右休暇の時期, 期間につきどの程度の修正, 変更を行うかに関し, 使用者にある程度の裁量的判断が認められる。

　ただし, 右判断は労働基準法 39 条の趣旨に沿う合理的なものであることを要し, 使用者が労働者に休暇を取得させるための状況に応じた配慮を欠くなど不合理なものであってはならない。

　科学技術庁の記者クラブに単独配置されている通信社の社会部記者が, 使用者との事前の十分な調整を経ず, 始期と終期を特定して長期かつ連続の年次有給休暇の時季指定をしたのに対し, 使用者が右休暇の後半部分について時季変更権を行使した場合, 当時, 社会部内において専門的知識を要する右記者の担当職務を支障なく代替し得る記者を長期にわたり確保するのが困難で, 右単独配置は企業経営上のやむを得ない理由によるなどの事情があるときは, 使用者による時季変更権の行使は適法である。

（4）未消化年休の処理

　当該年度に消化されなかった年休は翌年に繰り越される。また，その年休権は２年間の消滅時効（労基法 115 条）に服すると解されている。

　年休に相当の対価を支払うことにより，代わりに年休取得を認めないこととすること（年休の買い上げの予約という）は，年休権保障の趣旨に反し許されないが，結果的に未消化の年休に対し，日数に応じた手当を支払う扱いをすることは許される。

〈表 8　有給休暇付与日数〉

所定労働日数		継続勤務年数に応じた付与日数						
週	年	0.5 年	1.5 年	2.5 年	3.5 年	4.5 年	5.5 年	6.5 年
4 日	169 日〜216 日	7 日	8 日	9 日	10 日	12 日	13 日	15 日
3 日	121 日〜168 日	5 日	6 日	6 日	8 日	9 日	10 日	11 日
2 日	73 日〜120 日	3 日	4 日	4 日	5 日	6 日	6 日	7 日
1 日	48 日〜72 日	1 日	2 日	2 日	2 日	3 日	3 日	3 日
通常の労働者		10 日	11 日	12 日	14 日	16 日	18 日	20 日

ポイント整理

1 法定労働時間とは法律上許容される最長労働時間であって，休憩時間を除く実労働時間が，1日につき8時間，1週につき40時間である。

2 裁量労働制とは，実際の労働時間数にかかわりなく，所定の労働時間数だけ労働したものとみなす制度であり，専門業務型裁量労働制と企画業務型裁量労働制がある。

3 変形労働時間制とは，一定期間の総労働時間数がそれに相当する法定労働時間を超えないことを条件に，特定の週・日については法定労働時間を超過することを認めるものである。

4 休憩時間は原則として事業場ごとに一斉に与えなければならないが，労使協定の定めにより例外的な措置をとることも認められる。

5 休日は原則として毎週1回，暦日について付与しなければならない。

6 法定休日に労働した場合，事前の振替えがあれば休日労働とならないが，事後の振替えの場合には休日労働となる。

7 三六協定による時間外・休日労働の定めは免罰的効果を生じるのみであり，直ちに労働者の時間外・休日労働の義務を生じさせるものではない。

8 年休の使途は労働者の自由に委ねられるが，一斉休暇闘争の目的で年休を利用することは，年休権の行使とは認められない。

Exercise

問題①　労働時間に関する次の記述のうち，妥当なものはどれか。

1 三六協定により時間外労働を定める場合において，妊産婦を除き，男性労働者と女性労働者との間で時間外労働をさせることのできる限度の違いはない。

2 三六協定によって法定労働時間を延長して労働させることができる時間は，原則として1か月当たり30時間以内，1年当たり360時間以内である。

3 労働者が時間外労働をした場合には割増賃金を支払わなければならないが，この割増賃金算定の基礎となる賃金には家族手当や通勤手当も含まれる。

4 労働者が時間外労働をした場合でも，三六協定が締結されていない限り，使用者は割増賃金の支払義務を免れる。

5 労働者が午前中にA事業主の下で働き，午後に他のB事業主の下で働いた場合，各事業場で働いた労働時間は，労働時間を算定するにつき通算されない。

• •

解説

1 妥当な記述である。平成9年の労働基準法改正により，女性についての時間外労働・休日労働・深夜業の規制はすべて撤廃された。例外としては，妊産婦（妊娠中および産後1年未満の女性）が請求した場合に限られている（労基法66条）。

2 誤。三六協定によって法定労働時間を延長して労働させることができる時間(限度時間)は，1か月当たり45時間以内，1年当たり360時間以内である（同36条4項）。

3 誤。割増賃金算定の基礎となる賃金には，原則として家族手当や通勤手当は含まれない（同37条5項）。

4 誤。判例は，違法な時間外労働に対しても，割増賃金の支払義務を認めている（小島撚糸事件，最判昭35.7.14）。

5 誤。午前中にA，午後にBと事業主を異にする場合にも，労働時間を通算するのが行政解釈の立場である。

解答　1

問題② 労働時間に関する次の記述のうち，妥当なものはどれか。

1 フレックスタイム制は，就業規則で使用者が定めることのみでその効力が認められる。

2 1か月単位の変形労働時間制は，日ごとの業務に著しい繁閑の差を生じる事業においてのみ認められている。

3 清算期間が1か月以内のフレックスタイム制では，清算期間とその期間における総労働時間を定め，この清算期間を通算して，法定労働時間の総枠を超えた時間だけが時間外労働となる。

4 1年単位の変形労働時間制は，就業規則で使用者が定めることのみでその効力が認められる。

5 フレックスタイム制では，労働者は1日の労働時間を自由に選択できるので，この制度の適用を受ける場合には，使用者は労働者に休憩を与える必要はない。

・・・

解説

1 誤。フレックスタイム制の実施には，就業規則等の定めに加えて，書面による労使協定の締結（これらに加えて，清算期間が1か月超の場合は労使協定の行政官庁への届出）も必要である（労基法32条の3）。

2 誤。1か月単位の変形労働時間制には業態による制限はなく，すべての業種・規模の企業で実施することができる（同32条の2）。

3 妥当な記述である。フレックスタイム制における時間外労働は，清算期間が1か月以内であれば，清算期間全体から決定される（同32条の3第1項）。なお，清算期間が1か月を超える場合には，清算期間全体に加えて，1か月ごとの労働時間が週平均50時間を超えないことも必要となる（同条2項）。

4 誤。1年単位の変形労働時間制の実施に際しては，書面による労使協定が必要である（同32条の4第1項）。

5 誤。フレックスタイム制の下においても，労働基準法の原則どおりの休憩を与えなければならない。

解答　3

問題③　休憩および休日についての労働基準法の規制に関する次の記述のうち，妥当なものはどれか。

1　休憩時間は事業場ごとに一斉に付与しなければならないが，これは労使協定を締結し行政官庁の許可を受けることにより，例外的取扱いが認められる。

2　休憩時間の利用は労働者の自由に委ねられるが，ビラ等の配布を使用者の許可にかからしめることは企業秩序維持の観点からの合理的制約として許される。

3　坑内労働者の休憩時間については，一斉付与の原則は適用されるものの，安全保持の観点から自由利用の原則の適用は排除されている。

4　休日は，少なくとも毎週1回，24時間以上の連続した時間を与えなければならない。

5　法定休日に労働させた場合でも，事後に振替休日を付与すれば休日労働とはならず，割増賃金の支払義務は生じない。

- -

解説

1　誤。休憩時間の一斉付与の原則については，労使協定の締結のみによって適用の除外が認められる（労基法34条2項但書）。したがって，「行政官庁の許可」とある部分が誤りである。

2　妥当な記述である。判例は，休憩時間自由利用の原則も企業の施設管理権に基づき，ないし企業秩序維持の要請からの制約を免れず，企業内での集会・貼紙・ビラ配布等を施設管理者の許可にかからしめることは合理的な制約であるとする（目黒電報電話局事件，最判昭52.12.13）。

3　誤。坑内労働については，労働者が坑口に入った時刻から坑口から出た時刻までを休憩時間も含めて労働時間とする代わりに，休憩時間の一斉付与および自由利用の原則の適用が排除されている（同38条2項）。坑内の安全保持のためである。したがって，一斉付与の原則が適用されるとの記述が誤りである。

4　誤。休日は毎週少なくとも1回与えなければならないとされる（同35条1項）が，これは暦日すなわち暦上の1日の始めから終わりまででなければならないと解されている（暦日休日の原則）。「連続した24時間」であればよいわけではない。

5 誤。休日の振替えは，就業規則等に基づき，あらかじめ振替日を指定したうえで行った場合（事前振替え）には休日労働とならないが，休日の労働が先行し事後的に振替日を付与した場合（事後振替え）には休日労働となり，割増賃金の支払義務を生じる。

解答　2

7 労働関係の展開

労働関係の継続過程においてはしばしば，労働者の人事異動，規律違反による懲戒処分，休業・休職といった関係の変動が生じます。これらがいかなる根拠で，どのような場合に行われるのかについて学習します。

1．労働関係の展開

　労働関係（雇用関係）は多くの場合長期間にわたるため，その間には人事異動等による労働条件の変更，労働者の非違行為による懲戒，病気，負傷その他の理由による休業・休職等，労使間の関係の変化が生じる場合がある。ここでは，これらに関する問題点について検討する。

2．配転・出向・転籍

（1）意　義

　労働条件のうち，人事異動として職種・就業場所に変更の生じる場合は，配転（配置転換）・出向・転籍と呼ばれる。それぞれの意義は次のとおりである。

- 配　転…同一企業内で，職務内容または勤務場所の一方または双方が相当の長期間にわたって変更されるものをいう。勤務地の変更を伴うものは一般に「転勤」と呼ばれる。
- 出　向…当該企業における従業員としての地位を維持しながら，他の企業の指揮命令の下で長期にわたり就労させるものをいう。
- 転　籍…従前の労働契約を終了させ，新たに転籍先となる別の企業との労働契約を締結するものをいう。

　これらについては，いかなる根拠で，いかなる場合に，このような人事異動が認められるのかが問題となる。

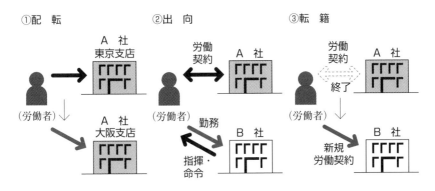

〈図12 配転・出向・転籍〉

（2）配 転

① 根 拠

労働者の個別の同意までは必要ではなく，「配置転換を命じることがある」等の就業規則の一般的規定や，労働契約上の根拠等がある限り，使用者の配転命令権が肯定されると解されている。

② 限 界

配転命令権が肯定されても，具体的な配転命令が適法とされるには，次の要件を備えなければならないと解されている（東亜ペイント事件，最判昭61.7.14）。このうち2）～4）のいずれかを充たさない場合は**配転命令権の濫用**に当たる。

1）配転命令権の存在

2）業務上の必要性があること

3）不当な動機・目的をもってなされたものでないこと

4）**業務上の必要性に比べて，労働者に対し通常甘受すべき程度を超える著しい不利益を負わせるものでないこと**

具体的には，労働契約上職種が限定されていれば，労働者の同意のない限り職種の変更は認められないとされることが多いが，長年にわたり機械工として勤務してきたというだけでは，機械工という職種が契約内容となったとはいえず，職種の変更も認められるとされた事例がある（日産自動車村山工場事件，最判平元.12.7）。

その他には，保育園に通う長男がいる都心在住者（女性）が，都心の事業所から郊外の事業所への転勤を命じられ，通勤に片道約 1 時間 45 分を要することになっても，通常甘受すべき程度を著しく超えるとまではいえないとして，転勤命令は権利濫用に当たらないとした事例もある（ケンウッド事件，最判平 12.1.28）。

（3）出　向

①　根　拠

指揮命令権者の変更を生じることから，配転に比べて出向命令権の肯定には慎重でなければならない。原則として労働者の個別の同意を必要とすべきである。ただし判例は，就業規則中の抽象的な規定では十分でなく，「就業規則に**明白に出向義務を規定**する必要がある」とする（日東タイヤ事件，最判昭 48.10.19）ものの，そのような規定があれば，個別の同意までは要求しないと解する傾向にある。

②　限　界

労働契約法は，使用者が労働者に出向を命じることができる場合であっても，**その出向の命令が権利を濫用したものと認められる場合には，無効となる**ことを明らかにするとともに，権利濫用であるか否かを判断するに当たっては，出向を命じる必要性，対象労働者の選定に関する事情その他の事情が考慮されることを規定する（労契法 14 条）。

つまり，配転命令の場合と同じく，出向命令権の存在のほか，具体的な出向命令が権利濫用とならないことが必要である。出向先で労働条件が低下するような場合には，整理解雇の回避など，高度の経営上の必要性が認められない限り権利濫用に当たるとされる場合が多い。

なお，出向先から**出向元への復帰命令**は，当初の雇用契約の内容にかなうものであるから，特段の事情のない限り，労働者の同意は不要であるとされる（古河電工事件，最判昭 60.4.5）。

（4）転　籍

従前の企業（使用者）との労働契約を終了させるものであるから，就業規則の

規定や入社時の包括的合意では足りず，**労働者の個別的な同意を必要とする。**

3. 懲戒処分

（1）意　義

　懲戒処分とは，労働者が服務規律や企業秩序に違反した場合に，使用者によって制裁として行われる処分をいう。通常，就業規則中に規定されており，訓告ないし戒告（注意処分）・減給・出勤停止・懲戒解雇等の形で行われる。

（2）懲戒権の根拠

　学説上は，労使の規範意識を根拠とする説（社会規範説）や，合意に基づくことを要求する説（契約説）等があるが，判例は次のような見解をとる（国鉄札幌運転区事件，最判昭 54.10.30 等）。

　すなわち，使用者は企業運営の必要から企業秩序について必要な事項を規則をもって定める権限（**企業秩序定立権**）および秩序維持権を有する一方，労働者は**労働契約上の付随義務**として**企業秩序遵守義務**を負うことから，企業秩序の違反者に対しては**規則の定めるところに従って制裁を行うことが認められる。**

　これは企業経営権および労働契約の本質から当然に懲戒権が認められるとしつつ，就業規則等の定めを要求することによって濫用への歯止めをかけようとしたものと見ることができる。

（3）懲戒処分の要件

①　具体的な懲戒処分が適法とされるためには，次の要件を備えることが要求される（労契法 15 条）。

　1）**就業規則等の定めに基づくこと**（使用者が労働者を懲戒できる場合であること）

　2）**懲戒権の濫用とならないこと**

　　懲戒権の濫用となるか否かは，平等取扱いの原則・相当性・一事不再理等の観点から判断される。使用者の懲戒権の行使が客観的に合理的な理由を欠き，または社会通念上相当として是認し得ない場合には，**懲戒権の濫用**

として**無効**となる（懲戒権濫用法理，ダイハツ工業事件，最判昭58.9.16）。

　上記判例等を受けて，労働契約法は，使用者が労働者を懲戒できる場合であっても，その懲戒が「客観的に合理的な理由を欠き，社会通念上相当であると認められない場合」には権利濫用に当たり無効となることを明らかにするとともに，権利濫用であるか否かを判断するに当たり，「労働者の行為の性質及び態様その他の事情」が考慮されることを明確にしている（労契法15条）。

[判例] **長期間経過後の懲戒処分**　　　　　　　（ネスレ日本事件，最判平18.10.6）

　従業員が職場で上司に対する暴行事件を起こしたことなどが就業規則所定の懲戒解雇事由に該当するとして，使用者が捜査機関による捜査の結果を待ったうえで，事件から7年以上経過した後に諭旨退職処分を行った場合において，事件には目撃者が存在しており，捜査の結果を待たずとも使用者において処分を決めることが十分に可能であったこと，諭旨退職処分がされた時点で企業秩序維持の観点から重い懲戒処分を行うことを必要とするような状況はなかったことなどの事情の下では，使用者による諭旨退職処分は，権利の濫用として無効である。

---

② 　また，減給処分を行う場合には，労働基準法上，1回の額が平均賃金の1日分の半額を超え，または総額が1賃金支払期における賃金の総額の10分の1を超えてはならないという限度が設けられている（労基法91条）。

（4）主な懲戒事由

① 経歴詐称

　学歴・職歴・犯罪歴の詐称は労働契約上の信義則違反として懲戒事由となる。学歴は高く詐称することのみでなく，低く詐称することも含む。

② 業務命令違反

　職務内容に関する指示・命令に違反した場合である。時間外労働・休日労働・出張・配転・出向等も，労働者にこれらの指示・命令に従う義務が認められる場合[22]には，その違反は懲戒事由となる。

22）所持品検査命令は，労働者の人権侵害のおそれが高いから，それが適法（労働者に従う義務がある）と認められるには，就業規則等の明示の根拠だけでは足りず，合理的理由，妥当な方法と程度（相当性），制度としての画一的な実施（平等性）も併せて必要である（西日本鉄道事件，最判昭43.8.2）。

③　職場規律違反

就業規則等に定められる服務規律に対する違反である。事業場内での集会・貼紙・ビラ配布等の政治活動を許可制とした場合にこれに違反することも含むが，「実質的に事業場内の秩序をみだすおそれのない特別の事情」のある場合には，懲戒処分は認められない（目黒電報電話局事件，最判昭 52.12.13）。

④　従業員たる地位に伴う規律の違反

1）私生活上の非行

職場外における犯罪等の不正行為や，企業の信用を毀損する行為などが含まれる。具体的にいかなる場合に懲戒処分をなしうるかにつき，判例は次のような基準を示したうえで，従業員 3 万名の鉄鋼会社の工員が米軍基地拡張反対のデモで逮捕・起訴された事件については，相当重大な悪影響が認められず，懲戒解雇は許されないとした。（日本鋼管事件，最判昭 49.3.15）。

> [判例] **私生活上の非行**　　　　　　　　　　（日本鋼管事件，最判昭 49.3.15）
>
> 従業員の不名誉な行為が会社の体面を著しく汚したというためには，必ずしも具体的な業務阻害の結果や取引上の不利益の発生を必要とするものではないが，当該行為の性質，情状のほか，会社の事業の種類・態様・規模，会社の経済界に占める地位，経営方針およびその従業員の会社における地位・職種等諸般の事情から総合的に判断して，右行為により**会社の社会的評価に及ぼす悪影響が相当重大**であると客観的に評価される場合でなければならない。

2）二重就職（兼職）

労務提供に支障をきたす程度・態様の二重就職は懲戒事由とされることが多い。

4．休業・休職

（1）意　義

労働契約の期間中，労働者が病気その他の理由により労務の提供を行えなくなることがある。そのような場合に，労働契約自体は維持しながら一時的に労

務の提供を停止することを休業または休職という。このうち「休職」は，使用者が労務提供を免除または禁止する場合に用いられることが多く，就業規則や労働協約等にその定めが置かれている。

　また，近年の労働形態の多様化は，労働者が契約関係を維持しつつ，子の養育や家族の介護の時間も確保する要請を生じた。そこで，平成3年に「育児休業に関する法律」が制定された。その後，平成7年に介護休業に関する規定も加えて「育児・介護休業法」[23] となっている。

　ここでは，育児・介護休業法の概要と就業規則等に定められる休職の規定について学習することとする。

（2）育児・介護休業法

① 概　説

　少子高齢化社会や女性の職場進出といった雇用環境の変化により，労働者が雇用関係を維持しつつ，乳幼児や高齢者等の家族の世話を行う必要が高まった。そこで，労働者が育児や家族介護のために一時的に休業などをする権利を保障したものである。

② 適用対象事業と労働者

1）適用対象事業

　　規模・業種を問わず，労働者を使用するすべての事業主に適用される（ただし公務員の育児・介護については別個に制定された法律による）。

2）労働者

　　日々雇用される者を除き，男女を問わない（育児・介護休業法2条）。そして，以下に該当する労働者は，それぞれ育児休業・介護休業などの権利を取得する。

　　　育児：1歳未満の子を養育する労働者。育児休業は，特別の事情のない限り1人の子について1回に限られ，子が1歳に達するまでの連続した一つの期間でなければならない[24]。ただし，期間の定めのある労働者は，以下の要件にすべて該当していなければ

23）正式名称は「育児休業，介護休業等育児又は家族介護を行う労働者の福祉に関する法律」である。
24）父母ともに育児休業を取得する場合，子が1歳2か月に達するまでの間に，父母それぞれが1年を超えない範囲で休業できる（パパ・ママ育休プラス，育児・介護休業法9条の2）。

ならない（同5条1項，2項）。

　ア）同一の事業主に引き続き雇用された期間が1年以上であること

　イ）子の1歳6か月に達する日までに，労働契約が終了することが明らかでないこと

また，子が1歳を超えても育児休業が特に必要と認められる命令に定めた一定の事由（保育所に入所できない場合等）に該当する場合，最大で子が2歳に達するまで育児休業を延長することが可能である[25]（同5条3項，4項）。

── 介護：要介護状態にある配偶者（事実婚含む）・父母・子・配偶者の父母（同居の有無を問わない）を介護する労働者。

　介護休業は，要介護者1人について3回，通算93日を限度とする。ただし，期間の定めのある労働者は，以下の要件にすべて該当していなければならない（同11条1項，2項）。

　ア）同一の事業主に引き続き雇用された期間が1年以上であること

　イ）介護休業開始予定日から起算して93日を経過する日から6か月を経過する日までに，労働契約が終了するのが明らかでないこと

なお，要介護状態の対象家族が1人であれば年5日，2人以上であれば年10日まで，介護のための短期の休暇（**介護休暇**）を取得することもできる（同16条の5）。

── 看護：小学校就学の始期に達するまでの子を養育する労働者は，小学校就学前の子が1人であれば年5日，2人以上であれば年10日まで，病気やけがをした子の世話をするための**子の看護休暇**を取得することができる（同16条の2）。

25）育児休業の延長の申し出は，まず1年6か月までの延長を申し出ることが可能で，1歳6か月到達時点でさらに休業が必要な場合に限り，2歳までの延長の申し出が可能である。したがって，1歳時点で延長可能な育児休業期間は子が1歳6か月に達する日までとなる。

③ **事業主の義務**

1）申出受諾の義務

事業主は，要件を充たした労働者の育児休業や介護休業の申し出を拒むことができない（同6条，12条）。例外として，ア）雇用されて1年未満の者，イ）休業申し出の日から1年以内（育児休業の延長の申し出の場合は6か月以内）に雇用が終了することが明らかな者，ウ）1週間の所定労働日数が2日以下の者については，これらの者による育児休業や介護休業の申し出を拒否できる旨の**書面**による**労使協定**があれば，使用者は申し出を拒むことができる。

2）解雇の禁止

事業主は，労働者が休業申し出をし，または休業したことを理由として，当該労働者に対して解雇その他不利益な取扱いをしてはならない（同10条，16条）。

④ **休業期間中の賃金**

休業期間中の賃金についての規定はない。したがって，ノーワーク・ノーペイの原則から当事者間の特別な合意がなければ無給となる。ただし，育児・介護休業法と雇用保険法に基づき，育児休業給付金または介護休業給付金が支給される。

（3）休　職

病気その他の事由により労務提供が不可能または不適当な場合に，使用者が労務提供を免除または禁止するものである。休職事由としては次のような場合がある。

① **傷病休職**

業務外[26]の傷病による休職である。休職期間中に治癒すれば復職し，治癒しなければ解雇ないし退職となる。後者の場合は解雇猶予としての性質を有する。そこで，解雇予告（第8節参照）の潜脱とならないよう，休職期間は30日以上とすべきである。

26）業務上の傷病の場合は療養のため休業する期間中，およびその後30日間は解雇が禁止される（労基法19条1項，第8節参照）。

②　起訴休職

　刑事事件で起訴された者について，裁判の係属中就業を禁止するものである。この場合，労働者にとって懲戒処分に類似する不利益処分となる。そこで，単に刑事事件で起訴されたというだけでは起訴休職とすることはできず，職場秩序や企業の社会的信用保持の観点からやむを得ない場合か，現実に労務の提供が不可能もしくは困難となる場合でなければならないと解されている。

ポイント整理

1　配転・出向はいずれも従前の労働契約を維持しつつ行われる人事異動で，前者は同一企業内での移転，後者は別の企業への移転の形でなされるものである。

2　配転・出向を命じるためには労働者の個別の同意までは要求されないが，出向については就業規則の抽象的な規定のみでは足りない。

3　転籍は従前の労働契約を終了させ，新たに別の使用者との労働契約を締結する人事異動であり，労働者の個別の同意が必要である。

4　使用者の懲戒権の行使が客観的に合理的な理由を欠き，または社会的に見て相当として是認し得ない場合には，懲戒権の濫用として無効となる。

5　労働者の私生活上の非行を理由として懲戒処分をなすためには，当該行為が会社の社会的評価に及ぼす悪影響が相当重大であると客観的に評価される場合でなければならない。

6　事業主は，労働者が育児休業または介護休業の申し出をし，もしくは育児休業または介護休業をしたことを理由として労働者を解雇することはできない。

7　業務外の傷病による休職の場合，休職期間満了後に解雇ないし退職とすることもできるが，解雇予告の潜脱とならないようにしなければならない。

Exercise

**問題①　配置転換（配転）・出向および転籍に関する次の記述のうち，妥当な
ものはどれか。**

1 勤務地を変更する配置転換については，長期雇用の慣行に鑑み労働者はこ
れを受忍すべきであるから，労働契約における配置転換に関する合意の内容
にかかわらず，使用者は勤務地を変更する配置転換を命じることができる。

2 配転命令が適法とされるには，配転命令権が存在するとともに，業務上の
必要性が認められることが必要であるが，業務上の必要性が認められる以
上，労働者に生じる不利益は原則として考慮する必要がない。

3 出向を命じるには原則として労働者の個別の同意が必要であり，就業規則中
に「他社出向の必要があるときは休職を命じる」との抽象的な規定があるの
みでは，出向義務を認めることはできない。

4 出向は使用者の変更を伴う人事異動であることから労働者の同意を得ること
が必要であり，たとえ就業規則中に出向義務を明白に規定していたとしても，
労働者が拒む場合には出向を命じることはできない。

5 転籍は労働契約そのものの変更を生じるものであるから，特段の事情のない
限り労働者の個別の同意が必要であるが，転籍後の労働条件の方が労働者
に有利であれば，同意なくして転籍を命じることができる。

・・

解説

1 誤。労働契約において勤務地を変更しない合意がなされていれば，使用者の
配転命令権は当該合意を根拠とするというべきであるから，原則として当該合
意に基づいて勤務地の変更を伴わない配転を命じることができるにすぎない。

2 誤。判例は，配転命令が適法とされるには，1）配転命令権の存在，2）業
務上の必要性，3）不当な動機や目的がないこと，4）業務上の必要性に比
べて労働者に対し著しい不利益を負わせることにならないこと，という要件を
示し，労働者の不利益も考慮すべき要素の一つとしている（東亜ペイント事件，
最判昭61.7.14）。

3 妥当な記述である。就業規則中に本肢記述のような規定があるのみでは，出
向義務の存在は認められない。少なくとも，明白な出向義務の規定があること
が要求される（日東タイヤ事件，最判昭48.10.19）。

4 誤。出向は原則として労働者の個別の同意を必要とするが，就業規則中に明
白な出向義務の規定があれば，明示的な同意がなくとも出向義務が肯定される

（前掲日東タイヤ事件）。

5 誤。転籍には特段の事情のない限り，労働者の個別の同意が必要である。転籍後の労働条件が有利であるというだけでは，同意を不要とすることはできない。

解答 **3**

問題②　懲戒処分に関する次の記述のうち，妥当なものはどれか。

1 労働者は労働契約上の付随的義務として企業秩序遵守義務を負うことから，使用者は当然に秩序違反行為に対する懲戒権を有するので，懲戒処分には就業規則等の定めは必要ではない。

2 使用者が労働者を懲戒することができる場合において，当該懲戒が，当該懲戒に係る労働者の行為の性質および態様その他の事情に照らして，客観的に合理的な理由を欠き，社会通念上相当であると認められない場合は，その権利を濫用したものとして，当該懲戒は無効とする。

3 事業場内での政治的活動が施設管理権者の許可にかからしめられている場合は，許可なくして活動を行うこと自体が懲戒事由となるので，たとえ実質的に企業秩序をみだすおそれが全くない行為であっても，懲戒処分の対象となる。

4 従業員の私生活上の非行は会社の社会的評価に対する悪影響を及ぼすものであるから，非行の程度のいかんにかかわらず，懲戒処分の対象とすることができる。

5 懲戒処分として減給処分を行う場合，1回の額は平均賃金の1日分の半額を超えてはならず，かつその総額が1賃金支払期における賃金の2分の1を超えてはならない。

解説

1 誤。判例は，企業運営および労働契約の本質から懲戒権が認められるとしつつ，「規則の定めるところにしたがって」懲戒を行うことができるとして，就業規則等の定めを懲戒処分に対する歯止めとして要求している（国鉄札幌運転区事件，最判昭54.10.30）。

2 妥当な記述である。労働契約法15条のとおりである（懲戒権の濫用）。

3 誤。事業場内での政治活動を許可制とした場合に許可なくして活動を行うことは懲戒事由となるが，実質的に事業場内の秩序を乱すおそれのない特別の事情があれば，懲戒処分は認められない（目黒電報電話局事件，最判昭52.12.13）。

4 誤。従業員の私生活は，それ自体としては労働契約とは無関係であるから，私生活上の非行を懲戒処分の対象とするためには，当該行為が会社の社会的評価に及ぼす悪影響が相当重大であると客観的に認められる場合でなければならない（日本鋼管事件，最判昭49.3.15）。

5 誤。労働基準法は，減給処分の額は，1回の額が平均賃金の1日分の半額を超えてはならず，かつその総額が1賃金支払期における賃金の「10分の1」を超えてはならないとする（労基法91条）。

解答 **2**

問題③　労働者の休業・休職に関する次の記述のうち，妥当なものはどれか。

1 育児・介護休業法に基づく育児休業の申し出がなされた場合，使用者は原則として申し出を拒むことができないが，雇用されて1年未満の者については行政官庁の許可を得たうえでこれを拒むことができる。

2 労働者が育児・介護休業法に基づく休業をした場合，使用者は休業中および休業後30日間は労働者を解雇することができないが，その後は休業をしたことを理由として解雇することも許される。

3 介護休業の申し出は，対象家族1人につき3回までであるが，申し出が3回以内であれば，当該対象家族について介護休業をした日数の合計が93日に達していても，当該対象家族について介護休業をすることができる。

4 労働者が業務上の傷病により休職した場合，休職期間中に治癒しなければ，休職期間の経過と同時に退職の扱いとすることができる。

5 刑事事件で起訴された労働者を起訴休職とする場合，現実の労務提供が可能であれば，単に起訴されたというだけで休職とすることはできず，企業の社会的信用保持等の観点からやむを得ないと認められる場合でなければならない。

解説

1 誤。育児休業・介護休業の申し出に対し，事業主は，それが雇用されて1年未満の者等である場合には，例外的に申し出を拒むことができるが，その際に必要なのは事業場における労使協定の定めであって，行政官庁の許可は要求されない（育児・介護休業法6条1項但書，12条2項）。

2 誤。事業主は，労働者が育児・介護休業法に基づく休業の申し出を行い，または休業をしたことを理由として，その労働者に対して解雇その他不利益な取扱いをすることはできない（同10条，16条）。

3 誤。介護休業は，対象家族1人につき3回，通算93日を限度とする（同11条2項）。よって，対象家族について介護休業をした日数の合計が93日に達している場合は，申し出が3回以内であっても，当該対象家族について介護休業をすることができない。

4 誤。業務上の傷病により労働者が休職した場合には，療養のため休業する期間中，およびその後30日間は解雇が禁止される（労基法19条1項）。なお，業務外の傷病であれば，このような制限はない。

5 妥当な記述である。起訴休職は労働者にとって就業が禁止される不利益な処分であるから，労務提供が現実に不可能もしくは困難でなければ，職場秩序や企業の社会的信用保持の観点からやむを得ない場合でなければならないと解されている。

解答 **5**

8 労働契約の終了

解雇は，本試験での頻出分野です。解雇がなされるのはどういう場面か，民法の解雇自由の原則に対して，労働基準法や判例はどういう手当をしているのかを中心に学習します。

1．労働契約の終了事由

（1）終了事由の概要

①解雇

②解雇以外の終了事由
1) 有期労働契約における
   契約期間満了時の更新拒否（雇止め）
2) 合意解約
3) 辞職
4) 定年
5) 当事者の消滅

（2）解雇の意義

　解雇とは，使用者による労働契約の解約である。使用者による一方的意思表示によって効力が生じる点で，その他の終了事由と区別される。

　民法の原則では，解約事由について，①期間の定めがある場合には「やむを得ない事由」（民法 628 条）が必要とされ，②期間の定めがない場合には解約申入れの日から 2 週間の経過が必要とされるものの，解約事由は特に制限されていない（同 627 条 1 項）。

（3）解雇以外の終了事由

　ここで比較的重要なのが上記 1 ）の雇止めである。契約期間が満了すれば，有期労働契約（期間の定めのある労働契約）は当然に終了するのが原則であるが，有期労働契約が反復更新された場合は，当然に終了すると考えることはできない（本節の最後で説明する）。

個
別
的
労
働
関
係

2．解雇の制限

（1）解雇の制限の必要性および概要

　解雇が自由に認められるとすると，例えば，期間の定めがない場合には労働者側に特に責められる事情がなくても，2週間の猶予期間を経れば，労働契約は終了してしまうことになる。しかし，それでは労働者にあまりにも酷であるので，労働基準法等は，①特定の事由に基づく解雇の制限（労基法3条，104条，労組法7条等），②解雇の時期の制限（労基法19条），③解雇の手続きの制限（同20条）について規定している。

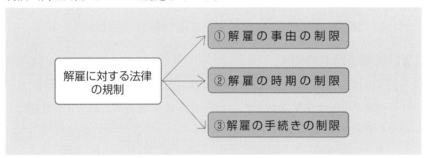

〈図13　解雇の制限の概要〉

（2）解雇の事由の制限（特定の事由に基づく解雇の制限）

① 　労働基準法は，解雇の事由（理由）に関しては一般的な規定を置いていない。ただし，労働基準法等により，次のような**特定の事由に基づく解雇を禁止している**。

　1）労働基準法上の制限

　　労働者の国籍・信条・社会的身分を理由とする解雇（労基法3条），労働基準法違反の事実を監督機関に申告したことを理由とする解雇（同104条）

　2）男女雇用機会均等法上の制限

　　女性であることを理由とする解雇（均等法6条4号），女性が婚姻・妊娠・出産・産休取得をしたことを理由とする解雇（同9条），同法に基づく援助・

調停を求めたことを理由とする解雇（同17条2項）

　　3）育児・介護休業法上の制限

　　　　同法に基づく休業の申し出をしたこと，もしくは休業したことを理由とする解雇（育児・介護休業法10条，16条）

　　4）労働組合法上の制限

　　　　組合員であること，もしくは組合活動をしたことを理由とする解雇（労組法7条1号）

②　以上の事由に該当しない限り，法律上は解雇の事由は制限されていなかった。しかし，解雇は労働者に著しい不利益をもたらすことから，判例により解雇の事由（理由）を制限する法理が形成され，これが明文化されるに至っている（**解雇権濫用法理**）。この点は（5）で説明する。

（3）解雇の時期の制限

①　以下の期間内は，使用者による解雇が禁止される（労基法19条1項本文）。

　　1）労働者が業務上負傷し，または疾病にかかり**療養のため休業する期間**およびその後の**30日間**

　　　　※この傷病期間中の解雇制限は，労働者の帰責性の有無を問わず，適用される。

　　2）産前産後の女性が労働基準法65条の規定によって休業する期間および**その後30日間**

②　ただし，以下の例外がある（同19条1項但書，2項）。

　　1）業務上の傷病によって休業する期間が3年を超え，しかもなお傷病が治癒しない場合で，労働基準法81条に基づく**打切補償を行った場合**には，使用者は解雇することができる。

　　2）天災事変その他やむを得ない事由のために，**事業の継続が不可能となった場合で行政官庁の認定**[27]を受けた場合には，使用者は解雇することができる。

27）労働基準法19条2項に基づく行政官庁の認定は除外事由の存在を確認する行為にすぎず，解雇の効力要件ではないと解されている。したがって，認定を受けていなくても客観的に除外事由が存在すれば，解雇は有効である。これは労働基準法20条3項の即時解雇に関する認定（解雇予告除外認定）についても同様である（東京地判平14.1.31参照）。

（4）解雇の手続きの制限

① **解雇予告・解雇予告手当**

1）使用者は，労働者を解雇しようとする場合においては，少なくとも**30日前**にその**予告**をしなければならない（労基法20条1項本文前段）。30日前に予告をしない使用者は，**30日分以上の平均賃金**を支払わなければ労働者を解雇することはできない（同項本文後段）。ただし，**解雇予告期間と解雇予告手当が通算して30日分あれば，有効な解雇手続きとなる**（同条2項）。

2）ただし，以下の場合は**例外として即時解雇**することができる（同条1項但書，3項）。

　ア）天災事変その他やむを得ない事由のために**事業の継続が不可能となった場合**で，行政官庁の認定（解雇予告除外認定）を受けた場合

　イ）**労働者の責めに帰すべき事由によって解雇する場合**で，行政官庁の認定（解雇予告除外認定）を受けた場合

3）労働基準法20条違反の解雇（上記例外事由に当たらないのに，解雇予告も解雇予告手当もなくなされた解雇）は，即時解雇としての効力を生じない。ただし，使用者が即時解雇に固執する趣旨でない限り，解雇の通知後30日間の期間を経過するか，または通知の後に予告手当の支払いをした場合は，そのいずれかの時から解雇の効力が生じる（細谷服装事件，最判昭35.3.11）。このような判例の見解を**相対的無効説**という。

4）「労働者の責めに帰すべき事由によって解雇」するとは，懲戒解雇の場合の多くが該当するケースである。もっとも懲戒解雇と即時解雇は別の問題であり，懲戒解雇が認められても解雇予告除外認定を受けられず，解雇予告・解雇予告手当が必要となる場合もある。

② **解雇予告制の適用除外**

1）以上は，抜打ち的解雇がもたらす生活上の脅威から労働者を保護することに主眼がある。したがって，抜打ち的解雇とはならない，以下のような**一定の期間の定めのある労働契約の場合には，解雇予告制の適用が除外**される（同21条）。

ア）日雇労働者

　イ）2か月以内の期間を定めて使用される労働者

　ウ）季節的業務に4か月以内の期間を定めて使用される労働者

　エ）試用期間中の労働者

2）ただし，以下の場合には，原則どおり，**解雇予告・解雇予告手当の適用**
　がある（同条但書）。

　ア）の労働者：1か月を超えて引き続き使用されるに至った場合

　イ）またはウ）の労働者：所定の期間を超えて引き続き使用されるに至っ
　　た場合

　エ）の労働者：14日を超えて引き続き使用されるに至った場合

（5）解雇権濫用法理による解雇の制限

　先に見たように，解雇の理由（事由）について法律は特定のものを禁じるに
すぎない。そして，民法の原則に立てば，期間の定めのない雇用契約の解約は
当事者の自由である（民法627条1項）。しかし，使用者による解雇は労働者
に重大な不利益を与える以上，合理的理由の存在を要求すべきである。

　そこで判例は，「使用者の解雇権の行使も，それが**客観的に合理的な理由を
欠き，社会通念上相当として是認し得ない場合には，解雇権の濫用として無効
となる**」として，解雇権濫用法理と呼ばれる理論を形成してきた（高知放送事
件，最判昭52.1.31等）。このように最高裁判決で確立している解雇権濫用法理
につき，労働契約法も，解雇が「客観的に合理的な理由を欠き，社会通念上相
当であると認められない場合」には，権利濫用に当たり無効となることを明文
で明らかにしている（労契法16条）。

　したがって，労働契約法16条の下では，解雇には合理的理由が要求される
ことになる。そして，一般には解雇の理由の相違に応じて，次のような場合に
合理的理由が認められるとされる。

① 普通解雇

　労働者の傷病や能力・適格性の欠如のため，労務提供が適切になされない場
合である。懲戒事由に該当する場合に，それが次の懲戒解雇を行うほど重大で
なければ，普通解雇がなされることもある。

② **懲戒解雇**

1）労働者の重大な非違行為に対して懲戒処分としてなされる解雇で，解雇予告または解雇予告手当の支払いもなされず，退職金を全部または一部不支給とすることも多い。

2）ただし，解雇予告または解雇予告手当の支払いなしに解雇するには即時解雇の要件を備える必要があり，また，退職金を不支給とするのは，労働者のそれまでの功労を抹消（全部不支給の場合）または減殺（一部不支給の場合）してしまうほどの重大な非違行為があった場合に限るべきである（東京地判平7.12.12等）。これらは，懲戒解雇の効力とは別個に検討される。

3）懲戒解雇事由に該当する場合であっても，使用者は普通解雇を選択することもでき，その場合には普通解雇としての合理的理由と社会通念上の相当性が備わっていればよい（高知放送事件，最判昭52.1.31）。

③ **整理解雇**

不況・経営難等に由来する経営上の必要から人員削減のためになされる解雇である。労働者の責めに基づくものでないことから，整理解雇の有効性の認定については厳格であるべきである。そこで，判例は次の四つの要件（要素）を設けている。これを**整理解雇の4要件**（4要素）という。

1）人員整理を行う高度の経営上の必要性

2）整理解雇を回避する努力を尽くしたこと

3）被解雇者の選定の合理性

4）組合または労働者との誠実な協議

④ **ユニオン・ショップ協定に基づく解雇（ユ・シ解雇）**

組合からの除名者・脱退者を使用者が解雇するとの労使協定に基づく解雇である（第2章第1節参照）。

（6）有期雇用契約の反復更新

解雇権濫用法理は，主に期間の定めのない労働契約（無期労働契約）に当てはまるが，期間の定めのある労働契約（有期労働契約）であってもそれが**何度も反復更新**されれば，実質的には無期労働契約と異ならなくなる。そこで，有期労働契約の雇止め（契約期間満了時の更新拒否）の場合には，**解雇権濫用法**

理が類推適用されるとの判例法理が確立していた（東芝柳町工場事件，最判昭49.7.22）。すなわち，雇止めを行うには合理的理由と社会通念上の相当性が要求される（**雇止め法理**）[28]。このような判例を踏まえ，平成24年施行の労働契約法改正により，雇止め法理が明文化された（労契法19条）。具体的には，次の①・②のいずれかに該当する場合に，使用者が雇止めをすることが客観的な合理的理由を欠き，社会通念上相当でないときは，雇止めが認められず，従前と同一の労働条件で有期労働契約が更新される。

① 過去に反復更新された有期労働契約で，その雇止めが無期労働契約の解雇と社会通念上同視できると認められるもの

② 労働者において，有期労働契約の契約期間の満了時に，当該有期労働契約が更新されると期待することにつき合理的理由があると認められるもの

また，同一の使用者と労働契約を締結している有期契約労働者と無期契約労働者との間で，期間の定めがあることで不合理に労働条件を相違させることを禁止した（均衡待遇[29]，旧労契法20条）。

なお，有期労働契約の契約期間中は，使用者は「やむを得ない事由」がなければ解雇できない（労契法17条1項）。また，有期労働契約につき，使用者に対して，必要以上に短い期間を定めることにより，その労働契約を反復更新することがないよう配慮する義務を課している（同条2項）。

（7）無期労働契約への転換（無期転換ルール）

平成25年4月施行の労働契約法改正で，有期労働契約を反復更新している場合における**無期労働契約への転換**が認められている（労契法18条）。

具体的には，同一の使用者との間で，平成25年4月1日以後に開始した**有期労働契約の通算契約期間が5年を超える場合**，労働者は，その契約期間の初日から末日までの間に，使用者に対して無期労働契約への転換の申込み（**無期転換の申込み**）をすることができる。**労働者が無期転換の申込みをすると，使**

---

28) ただ，希望退職者募集の方法による正社員（期間の定めなく雇用されている従業員）の人員削減を図らないまま臨時員（短期雇用の従業員）の雇止めをしても，直ちに無効とはならないとした判例（日立メディコ事件，最判昭61.12.4）があり，臨時員の雇止めは正社員の解雇よりも緩やかな基準で判断される傾向にある。

29) 均衡待遇については，令和2年4月施行のパートタイム労働法改正により，法律名がパートタイム・有期雇用労働法に変更されることに伴い，同法8条でパートタイム労働者と有期雇用労働者に共通する均衡待遇に関する規定が設けられたため，労働契約法20条は削除されることになった。

用者がこれを承諾したとみなされる（**使用者は拒否できない**）ため，無期労働契約が申込みの時点で成立する。

　そして，申込み時の有期労働契約が満了する日の翌日から無期転換がなされる。無期転換がなされた場合の労働条件（職務，勤務地，賃金，労働時間など）は，別段の定めがない限り，直前の有期労働契約と同一となる。

　ただし，有期労働契約とその次の有期労働契約との間に，契約が締結されていない期間（無契約期間）が6か月以上あるとき等は，その無契約期間より前の有期労働契約を通算契約期間に含めないことにしている（**クーリング**，同条2項）。

3.　無効な解雇に対する措置

（1）解雇無効と賃金

　解雇が無効である場合，その効力が争われている期間中，通常は労務提供がなされない。しかし，これは使用者の「責めに帰すべき事由」による労務の履行不能といえるので，**労働者は賃金請求権を失わない**（民法536条2項前段）。

　もっとも，無効解雇の期間中に労働者が他所で働いて収入を得た場合（**中間収入**）には，「自己の債務を免れたことによって利益を得た」場合（同項後段）に当たるので，その分は賃金から控除されることになる。しかし，その場合でも労働基準法26条により平均賃金の6割は休業手当として保障されなければならない。したがって，中間収入を控除しうるのは，**平均賃金の6割を超える部分**に限られることになる（米軍山田部隊事件，最判昭37.7.20）。

（2）その他無効な解雇に対する救済

　労働者は，裁判所に対し，上記の賃金請求の訴えのほか，労働者としての地位確認の訴えをなしうる。このような訴えを提起する前に，仮の救済手段として，労働者としての地位保全や賃金仮払いの仮処分（暫定的に賃金の支払いを認めるもの）を求めることもできる。また，無効な解雇が常に不法行為（民法709条）を構成するわけではないが，差別的解雇等，悪質なものは不法行為にも該当し，慰謝料等の損害賠償請求をなしうる場合もある。

1 使用者による有期労働契約の契約期間満了時の更新拒否を雇止めといい，使用者による契約期間中の一方的な解約である解雇とは区別される。

2 業務上の負傷による休業の場合または女性の産前産後の休業の場合は，休業期間中およびその後 30 日間は解雇が禁止される。

3 解雇権の濫用に当たらない解雇を行う場合でも，使用者は解雇の 30 日前に予告するか，30 日分の平均賃金を支払わなければならない。

4 やむを得ない事由による事業の継続不能または労働者の責めに帰すべき事由による場合で，行政官庁の認定を受けた場合には，即時解雇が認められる。

5 日雇労働者その他一定の者に対しては解雇予告制が適用されないが，これらの者が一定期間継続して使用されるに至った場合には，適用されるようになる。

6 使用者の解雇権の行使は，それが客観的に合理的な理由を欠き，社会通念上相当として是認し得ない場合には，解雇権の濫用として無効となる。

7 懲戒解雇の場合，多くは解雇予告または解雇予告手当の支払いがなされないが，懲戒解雇事由があれば当然に即時解雇が認められるわけではない。

8 無効な解雇の期間中について，労働者は賃金請求権を失わないが，中間収入があれば平均賃金の 6 割を超える部分からの控除は認められる。

Exercise

問題①　解雇に関する次の記述のうち，妥当なものはどれか。

1 労働者に重大な背信行為または義務違反がある場合でも，解雇するには使用者は解雇予告をその30日より以前に必ず行わなければならない。

2 経営不振，資金難などの事情がある場合には，使用者は解雇予告または予告手当の支払いをしないで労働者を解雇することができる。

3 試用期間中の者の解雇は，雇用期間が6か月を超えるまでは解雇予告をする必要はない。

4 定年制による退職の場合でも労働契約に期間の定めがない場合には，使用者は解雇手続きをとる必要がある。

5 労働者が業務上負傷し休業している期間，およびその後30日間は使用者は当該労働者を解雇してはならないが，たとえ軽易な作業であっても，就業し30日を経過した場合にはこの限りでない。

解説

1 誤。労働者の責めに帰すべき事由に基づいて，行政官庁の認定を受けて解雇する場合には，即時解雇が認められる（労基法20条1項但書）。

2 誤。経営不振，資金難は「やむを得ない事由」（同）に該当しないので，解雇予告または予告手当の支払いをしないで労働者を解雇することは許されない。

3 誤。14日を超えて引き続き使用されると解雇予告制度の例外は適用されなくなる（同21条但書）。したがって，「6か月を超えるまで」とする本肢は誤りである。

4 誤。定年退職の場合は，原則として，解雇予告制度の適用がないものと解されている。

5 妥当な記述である（同19条1項）。なお，同項の「30日間」は，ある程度回復して出勤した時から起算される。

解答　5

問題② 労働基準法第20条は，使用者が労働者を解雇しようとする際の予告義務または予告手当の支払いを定めているが，これに違反してなされた解雇の私法上の効果に関する最高裁判所の判例として，正しいものは次のうちどれか。

1 予告義務ないしそれに代わる予告手当の支払いは，解雇の効力発生要件であるので，これに違反した解雇は絶対的に無効である。

2 同条は単なる取締規定であるので，予告義務または予告手当の支払義務の違反に対して罰則規定は存在しても，解雇が当然に有効であることに変わりない。

3 即時解雇としては無効であるが，使用者が即時解雇に固執しない限り，その後30日を経過するかまたは予告手当の支払いをしたときは，そのいずれかの時から有効となる。

4 解雇の無効を主張するか予告手当の支払いを請求するかは，労働者に選択権があり，予告手当の支払いを請求した時点で解雇が有効となる。

5 解雇の無効を主張するか予告手当の支払いを請求するかは，労働者に選択権があり，予告手当の支払請求により，解雇はその意思表示があった時まで遡って有効になる。

· ·

解説

　判例は，次のような，いわゆる相対的無効説の立場に立つ（細谷服装事件，最判昭35.3.11）。「使用者が労働基準法20条所定の予告期間をおかず，または予告手当の支払いをしないで労働者に解雇の通知をした場合，その通知は即時解雇としては効力を生じないが，使用者が即時解雇を固執する趣旨でない限り，通知後同条所定の30日の期間を経過するか，または通知の後に同条所定の予告手当の支払いをしたときは，そのいずれかの時から解雇の効力を生ずる」。

1 誤。「これに違反した解雇は絶対的に無効である」とする記述が誤り。

2 誤。労働基準法20条違反に対しては罰則があるので（労基法119条1号），前半は妥当である。しかし，判例は一定の場合に解雇（通常解雇）を有効としており，解雇を当然に有効とはしていない。よって，後半が妥当でない。

3 妥当な記述である。

4 誤。本問のような解雇は，即時解雇としては無効であるが，通常解雇としての効力は一定の場合に認められるのであるから，労働者に選択権があるわけではない。

5 誤。**4**と同じく，判例は労働者の選択権を認めてはいない。

解答 **3**

問題③　解雇に関する次の記述のうち，妥当なものはどれか。

1 労働者の非違行為を理由とする懲戒解雇の場合には，使用者は解雇予告なしに即時に解雇することができる。

2 期間の定めなく雇用されている従業員につき希望退職者募集の方法による人員削減を図らないまま，期間を定めて雇用されている臨時員の雇止めが行われた場合であっても，当該雇止めは，これをもって当然に無効とすることはできない。

3 普通解雇は労働者の労務提供の不能または不適切を理由とするものなので，懲戒事由たる経歴詐称を普通解雇の事由とすることは認められない。

4 解雇は就業規則等に定める具体的事由に基づいて行われる必要があるので，規則中に「その他契約を継続しがたい重大な事由」との包括的規定があったとしても，かかる規定を根拠として解雇をなすことは許されない。

5 無効な解雇期間中，労働者は労務提供をなしえなくても賃金請求権を失わず，その間他所で収入を得ていたとしても，これを賃金から控除することは，その一部であっても許されない。

解説

1 誤。確かに懲戒解雇事由に該当する場合には「労働者の責に帰すべき事由」（労基法20条1項但書）によるものとして即時解雇の要件も充たす場合が多い。しかし，両者はあくまで別個のものであるから，その要件も各々検討されなければならず，懲戒解雇であれば必ず即時解雇をなしうるわけではない。

2 妥当な記述である。期間を定めて雇用されている臨時員の雇止めが必要であると判断される場合には，これに先立ち，期間の定めなく雇用されている従業員につき希望退職者募集の方法による人員削減を図らなかったとしても，それを

もって不当・不合理であるということはできず，希望退職者の募集に先立ち臨時員の雇止めが行われても当然無効とすることはできない（日立メディコ事件，最判昭 61.12.4）。

3 誤。懲戒事由に該当する場合，常に懲戒解雇によらなければならないわけではない。むしろ懲戒解雇は労働者にとって重大な不利益となるから，懲戒事由の中でも特に重いものに限るべきである。そこで，比較的軽度の懲戒事由に対しては，より軽い不利益である普通解雇を選択することも認められ，経歴詐称程度であればその場合が多い。

4 誤。解雇権濫用法理（労契法 16 条）の下では解雇には合理的理由と社会通念上の相当性の存することが必要であるが，これらが存在する限り，必ずしもそれが規則等に具体的に明示されている必要はない。多くの就業規則では本肢のような包括的規定を置いており，これを根拠とすることも認めうる。

5 誤。労働者が賃金請求権を失わないとする前半の記述は正しい（民法 536 条2 項前段）。しかし，後半の記述のようないわゆる中間収入は，同項後段の「債務の履行を免れたことによって利益を得た」ものとして控除しうる。ただし，控除しうるのは労働基準法 26 条の趣旨から，賃金のうち平均賃金の 6 割を超える部分に限られる。

解答　**2**

問題④　労働契約の成立や展開終了に関する次の記述のうち，判例に照らし最も妥当なのはどれか。

1 期間の定めのある労働契約が，期間の満了ごとに当然更新を重ねてあたかも期間のない契約と実質的に異ならない状態で存在していたものといえる場合であっても，雇止めの意思表示は実質的に解雇の意思表示に当たるとすることはできないことから，雇止めの効力の判断に当たっては，解雇に関する法理を類推すべきではない。

2 新規学卒予定者に対する採用内定の時点では何ら労働契約が成立しているとはいえないから，採用内定の取消事由は「採用内定当時知ることができずまた知ることが期待できないような事実であってこれを理由として採用内定を取り消すことが客観的に合理的と認められ社会通念上相当として是認することができるもの」に限られず広く認められる。

3 使用者は業務上の必要に応じその裁量により労働者の勤務場所を決定することができるため，業務上の必要性が存しない場合や労働者に対し通常甘受すべき程度を著しく超える不利益を負わせるものである場合であっても，当該転勤命令が権利の濫用となることはない。

4 使用者はその雇用する労働者に従事させる業務を定めてこれを管理するに際し，業務の遂行に伴う疲労や心理的負荷等が過度に蓄積して労働者の心身の健康を損なうことがないよう注意する義務を負うが，使用者に代わって労働者に対し業務上の指揮監督を行う権限を有する者は，使用者が負う当該義務の内容に従ってその権限を行使することまでは求められない。

5 企業者は経済活動の一環としてする契約締結の自由を有し，自己の営業のために労働者を雇用するに当たりいかなる者を雇い入れるか，いかなる条件でこれを雇うかについて，法律その他による特別の制限がない限り原則として自由にこれを決定することができ，企業者が特定の思想信条を有する者をそのゆえをもって雇い入れることを拒んでも，それを当然に違法とすることはできない。

・・・

解説

1 誤。判例は，期間の定めのある労働契約が，期間の満了ごとに更新を重ねてあたかも期間の定めのない契約と実質的に異ならない状態で存在していた場合，雇止めの意思表示は当該労働契約を終了させる趣旨のもとにされたといえるので，実質において解雇の意思表示に当たり，雇止めの効力の判断に当たっては解雇に関する法理を類推すべきであるとしている（東芝柳町工場事件，最判昭49.7.22）。これを明文化したのが労働契約法19条である。

2 誤。判例は，新規学卒予定者に対する採用内定の時点で，大学卒業予定者と企業との間に，就労の始期を大学卒業の直後とし，それまでの間誓約書記載の採用内定取消事由に基づく解約権を留保した労働契約が成立すると解している。また，採用内定の取消事由は，「採用内定当時知ることができず，また知ることが期待できないような事実であつて，これを理由として採用内定を取消すことが解約権留保の趣旨，目的に照らして客観的に合理的と認められ社会通念上相当として是認することができるものに限られる」としている（大日本印刷事件，最判昭54.7.20）。

3 誤。判例は，転勤命令の権利濫用性について，①業務上の必要性が存在しない場合，②業務上の必要性が存在する場合であっても，他の不当な動機・目

的をもってなされた場合，③業務上の必要性が存在する場合であっても，労働者に対し通常甘受すべき程度を著しく超える不利益を負わせる場合等には，転勤命令が権利濫用になるとしている（東亜ペイント事件，最判昭61.7.14）。

4 誤。判例は，「使用者は，その雇用する労働者に従事させる業務を定めてこれを管理するに際し，業務の遂行に伴う疲労や心理的負荷等が過度に蓄積して労働者の心身の健康を損なうことがないよう注意する義務を負う」とともに，「使用者に代わって労働者に対し業務上の指揮監督を行う権限を有する者は，使用者の右注意義務の内容に従って，その権限を行使すべきである」としている（電通事件，最判平12.3.24）。

5 妥当な記述である。判例は，「企業者は，かような経済活動の一環としてする契約締結の自由を有し，自己の営業のために労働者を雇傭するにあたり，いかなる者を雇い入れるか，いかなる条件でこれを雇うかについて，法律その他による特別の制限がない限り，原則として自由にこれを決定することができるのであつて，企業者が特定の思想，信条を有する者をそのゆえをもつて雇い入れることを拒んでも，それを当然に違法とすることはできない」としている（三菱樹脂事件，最大判昭48.12.12）。

解答 5

年少者・女性・非典型雇用

これらの者は，成人男子の正規従業員に比べると異なった点があります。通常とはどこが異なり，どのような手当がなされているかを本節では学習します。

1．年少者の保護

（1）年少者の保護

年少者は，低劣な労働条件で利用されやすく，そのような低劣な労働条件の下では，身体・健康の破壊，健全な精神・人格の阻害をもたらす。そのため，年少者保護の規定が設けられている（労基法第6章以下）。

（2）労働基準法の各規定のあらまし

① **最低年齢**

1）使用者は，児童が満15歳に達した日以後最初の3月31日が終了するまで（中学生以下の者），労働者として使用できないのが原則である（労基法56条1項）。

2）例外として，一定の事業の軽作業については，行政官庁の許可を得て，満13歳以上の者をその者の就学時間外に使用することができる（新聞配達が主要な許可対象作業である。同条2項前段）。映画の製作，演劇の事業については，満13歳未満の児童についても同様である（同条2項後段，子役が必要なため）。

② **年少者の証明書等**

満18歳未満の者を使用する際には，その年齢を証明する**戸籍証明書**を事業場に備えねばならない（同57条1項）。労働基準法56条2項に基づき使用する児童についてはさらに，学校長の証明書・親権者等の同意書の備え付けが必要である（同条2項）。

③ **未成年者の労働契約**

1）親権者・後見人は未成年者に代わって労働契約を締結できない（同58

条1項)。結局，未成年者は親権者の同意を得て自ら労働契約を締結することになる（民法5条）。

2）親権者・後見人または行政官庁は，労働契約が未成年者に不利であると認めるときは，その労働契約を将来に向かって解約できる（労基法58条2項）。

④ **未成年者の賃金請求権および代理受領の禁止**

未成年者は独立して賃金を請求することができる。親権者または後見人は，未成年者に代わって未成年者の賃金を受け取ることはできない（同59条）。親権者や後見人が未成年者を食い物にすることを防止するため，賃金の代理受領権をも制限したものである。

⑤ **満18歳未満の者の就業規制**

年少者の過重労働防止の観点から，次のような制限がなされている。

1）労働時間の規制

ア）三六協定による時間外労働・休日労働の禁止（同60条1項）

ただし，公務または災害等による臨時の必要のある場合（同33条）については禁止されない。

イ）変形労働時間制の適用禁止（同60条1項）

ただし，満15歳以上の者（満15歳に達した日以後の最初の3月31日までの間を除く）については，一定の制限の下で適用しうる（同60条3項）。その場合でも，フレックスタイム制の適用は禁止される。

ウ）深夜業の禁止（同61条）

午後10時から午前5時までの間の就業は原則として禁止される。ただし，満16歳以上の**男性**で交替制による場合などは，例外が認められる。

2）職種の制限

一定の危険有害業務（同62条）および坑内労働（同63条）は禁止される。

2．女性労働者の地位

（1）概　説

　歴史的に見ると，女性労働者は年少者とともに初期の苛酷な工場労働を担いながら家庭責任をも割り当てられ，その一方で管理職・専門職等の基幹的な職種からは事実上排除されるという立場に置かれてきた。これに対し，従来の労働基準法の規制は，主として母性保護の名目で，苛酷な労働の緩和という視点から女性の労働を規制してきた。

　しかし，女性の職場進出が進んでも女性に対する差別的待遇はなかなか改善されず，また，労働基準法の規制がかえって対等な雇用機会を奪うという側面もあった。そこで現在では，①労働基準法による労働関係規制はほぼ純粋に母性保護の面に限定する一方，②男女雇用機会均等法により，性別を理由とする差別的取扱いを禁じるという形をとっている。そこで，ここでは以上の両者についてのポイントを把握することとする。

（2）労働基準法上の女性保護規制

①　労働時間規制の撤廃

　かつて女性の時間外労働・休日労働・深夜業は職種ごとに制限されていたが，平成9年の法改正により，全面的に撤廃された。したがって，妊産婦についての規制を除き，この点に関する男女の区別は原則としてなくなった。

②　女性の就業が禁止される職種

女性の安全衛生の確保の観点から，次の規制がなされている。

　1）坑内労働の禁止

　　18歳未満は男女とも坑内労働が禁止される（労基法63条）。妊娠中の女性および坑内業務に従事しない旨を申し出た産後1年を経過しない女性に対しては，すべての坑内業務が禁止される（同64条の2第1号）。それ以外の女性は，人力掘削業務等は禁止されるが（同条2号），例えば坑内での管理監督業務等は許される。

2）危険有害業務の就業制限

　　妊産婦（妊娠中および産後1年を経過しない女性）については，重量物を取り扱う業務，有害ガスの発散場所での業務等（危険有害業務）に就かせてはならない（同64条の3第1項）。危険有害業務のうち，女性の妊娠・出産の機能に有害である業務については，妊産婦以外の女性にも準用できる（同条2項）。

③　**母性保護の規制**

1）産前・産後休業

　　次の場合には，当該女性を休業させなければならない（同65条）。

　┌─産前：6週間以内（多胎妊娠の場合は14週間以内）に出産予定のときは，**女性が請求した場合**について。

　└─産後：産後8週間を経過するまでは，**女性の請求の有無にかかわらず**。ただし，6週間を経過した女性が請求した場合には，医師が支障ないと認めた業務に就かせることができる。

　　※この場合の解雇制限につき，第8節2参照。

2）妊産婦の労働制限

　ア）妊娠中の女性が請求した場合，他の軽易な業務に転換させなければならない（同65条3項）。

　イ）妊産婦が請求した場合，時間外労働・休日労働・変形時間労働[30)]・深夜業に従事させてはならない（同66条）。

3）育児時間の請求（同67条）

　　生後1歳未満の子を育てる女性は，**法定の休憩時間とは別に**，1日2回，各30分以上の育児時間を請求できる。

4）生理休暇（同68条）

　　生理日の就業が著しく困難な女性は，生理日の休業を請求できる。

30）妊産婦が請求した場合は，変形労働時間制（フレックスタイム制を除く）を採用していても，1日8時間，1週40時間を超える労働をさせてはならないことを意味する（労基法66条1項）。

（3）男女雇用機会均等法

①　制度の概要

昭和60年に制定・施行され，その後拡充・強化された結果，次のような内容となっている。

1）差別的取扱いの禁止

2）実効性確保のための制度

3）セクシャルハラスメント防止のための事業者の措置

4）その他

②　差別的取扱いの禁止

1）使用者は，次の事項に関して，性別によって差別的に取り扱うことが禁止される。

- 募集・採用（均等法5条）：

　　女性のみまたは男性のみの募集・採用は禁止される。

- 配置・昇進・降格・教育訓練（同6条1号）：

　　女性のみまたは男性のみを対象とする配置・昇進等は禁止される。

- 福利厚生（同6条2号）：

　　住宅資金の貸付等に関する差別的取扱いは禁止される。

- 職種・雇用形態の変更（同6条3号）：

　　性別のみを理由とする正社員からパートタイム労働者への変更等が禁止される。

- 定年・退職勧奨・解雇・雇止め（同6条4号）：

　　性別・婚姻・妊娠・出産・産休取得等を理由とする定年・解雇等が禁止される。

2）間接差別の禁止

直接には性別を理由としていなくても，身長，体重または体力を要件としたり，転勤に応じることができるのを要件とする等，直接的には性別以外の事由を要件とするが，その要件が実質的には性別（特に女性）を理由とする差別につながるおそれがある場合を**間接差別**という。使用者は，合

理的な理由なく前記１）に掲げる事項について間接差別となる措置を講じてはならない（同７条）。

3）女性優遇措置についての特例

　前記１）の差別的取扱いの禁止により，原則として，女性を有利に扱うことも禁止される（同８条）。しかし，すでに男性と比べて女性が不利に取り扱われていた場合や女性の数が少ない場合には，この状況を改善するために女性を優遇する必要がある。

　そこで，例外として，男女の均等な機会および待遇の確保の支障となっている事情を改善することを目的として，女性労働者を優遇することは許される。

③ 差別的取扱いに対する措置

1）男女雇用機会均等法５条～７条の規定は**強行規定**であり，これらに反する措置は**無効**となる。また，態様によっては不法行為（民法709条）として損害賠償の対象となる。

2）そのほか本法の実効性確保のための制度として，次のようなものがある。

- 行政官庁による助言・指導・勧告・調停（均等法17条～27条）：
  いずれも一方当事者のみにより，申立てができる。また，これらの申立てをした労働者を，事業主が申立てを理由として不利益に取り扱うことは許されない（同17条2項）。
- 厚生労働大臣による調査・勧告・公表（同28条～30条）：
  厚生労働大臣は同法に違反する事業主に対する是正等の勧告を行うことができ，勧告に従わない事業主の名称および違反事実の公表ができる。

④ セクシャルハラスメント防止のための事業主の配慮義務[31]

　事業主は，労働者が職場における性的言動により不利益を受けたり，就業環境を害されたりすること（セクシャルハラスメント）を防止するよう，雇用管理上の必要な体制の整備その他の措置を講じなければならない（同11条1項）。

31）平成29年施行の男女雇用機会均等法改正で，妊娠・出産等に関する言動により，妊娠・出産・産休取得等をした労働者の就業環境が害されること（マタニティハラスメント等）を防止するため，雇用管理上の必要な体制の整備その他の措置を講じることが事業主に義務づけられた（均等法11条の2第1項）。さらに，令和元年成立の同法改正で，マタニティハラスメント（マタハラ）等の相談をしたことや，相談への対応に協力した際に事業主に事実を述べたことを理由に，事業主が労働者に対して解雇その他不利益な取扱いをすることを禁じる規定が設けられた（同条2項）。

　令和元年成立の男女雇用機会均等法改正で，セクシャルハラスメント（セクハラ）の相談をしたことや，相談への対応に協力した際に事業主に事実を述べたことを理由に，事業主が労働者に対して解雇その他不利益な取扱いをすることを禁じる規定が設けられた（同条2項）。

　セクハラは女性の人格権を侵害するものであり，これを行った者は不法行為責任を負う。さらに，事業主も安全配慮義務違反（民法415条）または使用者責任（同715条）に基づく損害賠償責任を負う（福岡セクハラ事件，福岡地判平4.4.16等）。

3．非典型雇用

（1）概　説

　労働環境の変化・就業形態の多様化に伴い，派遣労働者やパートタイム労働者といった，労働基準法の予定するものとは異なる雇用形態が増加した。これらを非典型雇用といい，労働者派遣法（労働者派遣事業の適正な運営の確保及び派遣労働者の保護等に関する法律），パートタイム・有期雇用労働法（短時間労働者及び有期雇用労働者の雇用管理の改善等に関する法律）といった個別の法律により規制されている。ここでは，これらに関する概略を把握する。

（2）労働者派遣法

①　労働者派遣事業

　労働者派遣事業とは，派遣元事業主がその雇用する労働者を派遣[32]し，派遣先事業主の指揮命令の下に派遣先事業主のために労働に従事させること（労働者派遣）を業として行うことをいう（派遣法2条3号，1号）。

---

[32] 派遣先事業主と労働者との間に労働契約を成立させる場合は，職業安定法44条の禁止する労働者供給事業に該当し，労働者派遣事業には含まれない。また，労働者派遣事業は派遣元事業主と労働者との間に雇用関係があるので，労働基準法6条の禁止する中間搾取には該当しない。

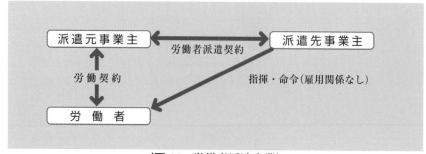

〈図 14　労働者派遣事業〉

②　派遣事業の内容

1）適用対象業務

　　従来は，労働者派遣を行うことのできる業務は専門的性格を有するもの
か，特別の雇用管理を必要とするものに限定されていた。

　　しかし，多様な業務について派遣の必要性が高まったことから，平成
11年の労働者派遣法改正により，港湾運送・建設・警備などの業務を除
き，業務の限定なしに労働者派遣が認められることになった（同4条）。

2）派遣事業の区別

　　従来は，労働者派遣事業については，厚生労働大臣の登録制の特定労働
者派遣事業（常時雇用する労働者のみを派遣するもの），厚生労働大臣の
許可制の一般労働者派遣事業（派遣期間のみ労働者との間で労働契約を結
ぶもの）の2種類に区別されていた。

　　しかし，平成29年施行の労働者派遣法改正で，特定労働者派遣事業が
廃止され，**一般労働者派遣事業に一本化された**。現在では，労働者派遣事
業を開業するには厚生労働大臣の許可が必要である。

③　事業主の義務

　派遣労働者は派遣元事業主とのみ労働契約を締結し，派遣先事業主とは契約
関係を有しない。しかし，派遣先事業主の指揮命令の下で就業することから，
派遣先事業主に対しても労働者派遣法により一定の義務が課されるほか，労働
基準法の労働者保護規制も，その性質に応じて及ぼされる。

1）派遣元事業主の義務

　　ア）派遣労働者として雇い入れることの明示（同 32 条），イ）派遣契約終了後に労働者が派遣先に直接雇用されることを禁止する契約の締結禁止（同 33 条），ウ）派遣元管理台帳の作成・保存，派遣元責任者の選任（同 36 条，37 条）等がある。

2）派遣先事業主の義務

　　派遣先管理台帳の作成・保存，派遣先責任者の選任（同 41 条，42 条）等がある。

3）労働者保護規制の適用

　　労働基準法・労働安全衛生法等による労働者保護規制は，原則として**派遣元事業主**に適用される。しかし，規制の性質によっては，**派遣先事業主に適用**されるものもある（同 44 条）。

　—派遣元・派遣先双方に適用される規定：均等待遇の原則（労基法 3 条），
　　　　　強制労働の禁止（同 5 条）等

　—派遣中は派遣先のみに適用される規定：公民権行使の保障（同 7 条），
　　　　　労働時間・休憩・休日の規制（同 32 条，32 条の 2 第 1 項，32
　　　　　条の 3 第 1 項，32 条の 4 第 1 項～ 3 項，33 条～ 35 条，36 条 1
　　　　　項・6 項，40 条，41 条，141 条 3 項），年少者・女性の保護規
　　　　　制（同 60 条～ 63 条，64 条の 2，64 条の 3，66 条～ 68 条）等

4）日雇派遣の原則禁止

　　平成 24 年 10 月から日雇派遣（雇用期間が 30 日以内の派遣）が原則禁止された。ただし，①専門的業務について派遣される場合（18 業務），または②以下のア）～エ）のいずれかに該当する者を派遣する場合は，例外的に日雇派遣が認められる（派遣法 35 条の 4）。

　ア）60 歳以上の人

　イ）雇用保険の適用を受けない学生

　ウ）副業として日雇派遣に従事する人

　エ）主たる生計者でない人

5）派遣期間の制限

　　平成 27 年 9 月から派遣労働者の受入れ期間について，派遣先の**事業所**

単位の期間制限（同 42 条の 2），派遣労働者の**個人単位の期間制限**（同 42 条の 3）の二つが設けられている。

　　ア）事業所単位の期間制限により，派遣先は，同一の事業所において派遣可能期間（3 年）を超えて派遣を受け入れることができない。ただし，派遣先の事業所の過半数組合（ない場合は過半数代表者）から意見を聴いたうえで，3 年を限度として派遣可能期間を延長することができる（再延長可）。

　　イ）個人単位の期間制限により，ア）の事業所単位の派遣可能期間を延長した場合であっても，派遣先の事業所における同一の組織単位（課・グループなど）で，3 年を超えて同一の派遣労働者を受け入れることはできない。

（3）パートタイム労働者・有期雇用労働者の地位

① パートタイム労働法からパートタイム・有期雇用労働法へ

　非正規雇用者を保護する法律として，平成 5 年に**パートタイム労働法**（短時間労働者の雇用管理の改善等に関する法律）が成立した。同法における**パートタイム労働者**（短時間労働者）とは，**1 週間の所定労働時間が同一の事業主に雇用される通常の労働者の 1 週間の所定労働時間に比べて短い労働者**であると定義されているため，契約社員に代表されるフルタイム勤務の**有期雇用労働者**（事業主と期間の定めのある労働契約を締結している労働者）は同法の適用対象外であった。

　しかし，フルタイム勤務の有期雇用労働者も，パートタイム労働者と同じく雇用が不安定であって，同じように保護する必要性が指摘されていた。そこで，平成 30 年成立の法改正により，パートタイム労働法の名称を**パートタイム・有期雇用労働法**（短時間労働者及び有期雇用労働者の雇用管理の改善等に関する法律）に変更し，**有期雇用労働者も適用対象に含める**ことになった。パートタイム・有期雇用労働法は令和 2 年 4 月に施行されることが決まっている。

　なお，同法上のパートタイム労働者（短時間労働者）と有期雇用労働者の定義は上記のとおりであって，両者を合わせて**短時間・有期雇用労働者**と定義している（パート有期労働法 2 条）。

②　短時間・有期雇用労働者の事業主の義務

　パートタイム・有期雇用労働法は，事業主に対し，短時間・有期雇用労働者を対象とした特別の義務を課している。主な事業主の義務は以下のとおりである。

　1）労働条件の明示（同6条）

　　　雇い入れた短時間・有期雇用労働者に対して，特定事項（昇給の有無，賞与の有無，退職手当の有無）を文書の交付等によって明示することが義務づけられている。労働基準法15条1項で明示すべき事項に加えて明示を要求されるものである。

　2）就業規則の作成・変更（同7条）

　　　短時間・有期雇用労働者に係る事項について就業規則を作成し，または変更しようとするときは，事業所で雇用する短時間・有期雇用労働者の過半数を代表すると認められるものの意見を聴くように努める。

　3）不合理な待遇の禁止（同8条）

　　　均衡待遇とも呼ばれる事業主の義務である。具体的には，短時間・有期雇用労働者の待遇（基本給および賞与等）のそれぞれについて，当該待遇に対応する通常の労働者の待遇との間において，当該短時間・有期雇用労働者と通常の労働者との**職務内容**（業務の内容および当該業務に伴う責任の程度），**職務内容および配置の変更範囲**といった事情のうち，当該待遇の性質および当該待遇を行う目的に照らして適切と認められるものを考慮し，**不合理と認められる相違を設けてはならない。**

　4）通常の労働者と同視すべき短時間・有期雇用労働者に対する差別的取扱いの禁止（同9条）

　　　均等待遇とも呼ばれる事業主の義務である。具体的には，**職務内容が通常の労働者と同一の短時間・有期雇用労働者**であって，事業主との雇用関係が終了するまでの全期間において，**職務内容および配置の変更範囲が当該通常の労働者の職務内容および配置の変更範囲と同一になると見込まれるもの**（通常の労働者と同視すべき短時間・有期雇用労働者）に対して，**短時間・有期雇用労働者であるのを理由に待遇**（基本給および賞与等）**について差別的取扱いをしてはならない。**均衡待遇がすべての短時間・有期

雇用労働者を対象とするのに対し，均等待遇は通常の労働者と同視すべき短時間・有期雇用労働者のみが対象となる。

5）福利厚生施設（同12条）

　通常の労働者に対して利用の機会を与える福利厚生施設であって，健康の保持または業務の円滑な遂行に資するものとして命令で定めるものは，短時間・有期雇用労働者にも利用の機会を与えなければならない。

6）通常の労働者への転換（同13条）

　短時間・有期雇用労働者について通常の労働者への転換を推進するため，通常の労働者の募集をその募集に係る事業所に掲示して周知する等，一定の措置を講じなければならない。

7）事業主が講じる措置の説明（同14条）

　短時間・有期雇用労働者を雇い入れたときは，速やかに，パートタイム・有期雇用労働法8条〜13条の規定により措置を講じるべき事項に関し講じることにしている措置の内容について，当該短時間・有期雇用労働者に説明しなければならない。

③　厚生労働大臣の措置

　短時間・有期雇用労働者の雇用管理の改善等を図るため，厚生労働大臣は，指針の策定（同15条），報告の徴収・助言・指導・勧告・公表（同18条）をすることができる。パートタイム・有期雇用労働法違反の勧告を受けた事業主がその勧告に従わなかったときは，その旨を公表することができるのが特徴的である。

個別的労働関係

◇◇◇◇ ポイント整理 ◇◇◇◇◇◇◇◇◇◇◇◇◇◇◇◇◇◇◇◇◇◇◇◇◇◇◇◇◇◇◇◇◇

1 満15歳に達した日以後最初の3月31日が終了するまでの児童は、原則として労働者として使用することはできない。

2 満18歳未満の者を使用する使用者は、その年齢を証明する戸籍証明書を事業場に備えなければならない。

3 満18歳未満の労働者については、三六協定による時間外労働・休日労働は禁止されている。

4 妊産婦の危険有害業務への従事は禁止されている。

5 労働基準法上の産前休業は女性が請求した場合に、産後休業は女性についてその請求の有無にかかわらず、使用者はこれを与えなければならない。

6 労働者の募集・採用・配置・昇進・教育訓練・福利厚生・定年・退職・解雇に関し、性別を理由に差別的に取り扱ってはならず、これに反する行為は無効となる。

7 現在の労働者派遣事業は、厚生労働大臣の許可が必要な一般労働者派遣事業に一本化されている。

8 派遣労働契約は労働者と派遣元事業主との間に締結されるが、派遣先事業主に対しても、労働者派遣法による一定の義務が課されるほか、労働者保護規制の一部も適用される。

9 パートタイム・有期雇用労働法は、短時間労働者（1週間の所定労働時間が同一の事業主に雇用される通常の労働者の1週間の所定労働時間に比べて短い労働者）および有期雇用労働者（事業主と期間の定めのある労働契約を締結している労働者）の双方を適用対象とする法律である。

Exercise

問題①　年少者の労働関係に関する次の記述のうち，妥当なものはどれか。

1 使用者は，満 18 歳未満の者について，いかなる場合であっても時間外労働および休日労働をさせることができない。

2 満 13 歳未満の者は，いかなる場合であっても労働者として使用することはできない。

3 使用者は満 18 歳未満の者について原則として深夜に労働させることはできないが，満 16 歳以上の者で交替制による場合であれば，例外的に許される。

4 満 18 歳未満の者の親権者および後見人は，たとえ本人の委任に基づく場合であっても本人に代わって労働契約を締結することができない。

5 満 18 歳未満の者の親権者および後見人は，本人の委任に基づく場合であれば，本人に代わってその賃金を受領することができる。

・・

解説

1 誤。満 18 歳未満の者について禁止されるのは，三六協定に基づく時間外・休日労働である（労基法 60 条 1 項）。災害等による臨時の必要のある場合，および公務員について公務の必要のある場合（同 33 条）については禁止されない。

2 誤。映画の製作または演劇の事業については，子役が必要となるため，満 13 歳未満の者を使用することができる（同 56 条 2 項後段）。

3 誤。満 18 歳未満の者について原則として深夜業が禁止されるとする前半の記述は正しい（同 61 条 1 項）。しかし，その例外として使用できるのは，満 16 歳以上の「男性」で交替制による場合である（同但書）。したがって，男性に限定していない点で後半の記述が誤りである。

4 妥当な記述である。親が子を食い物にすることを防ぐため，親権者または後見人が未成年者に代わって労働契約を締結することは禁じられている（同 58 条 1 項）。これは本人の委任に基づく場合であっても同様と解されている。

5 誤。労働契約の代理による締結と同様に，親権者・後見人による未成年者の賃金の代理受領も，本人の委任の有無にかかわらず，禁止される（同 59 条）。

解答　4

問題②　女性の労働関係に関する次の記述のうち，妥当なものはどれか。

1 時間外労働，休日労働，深夜業および坑内労働について，原則として男女の区別はなく，使用者は女性にこれらの労働をさせることができる。

2 使用者は，産後6週間を経過した女性について，医師が支障がないと認めた業務に就かせることができる。

3 労働者の募集について女性を差別的に取り扱うことは許されないが，女性を有利に扱うことは差し支えないから，事業主は，女性に限定して役員秘書の募集を行うことができる。

4 労働者が生後1年未満の子を育てる場合，女性に限って，育児時間および育児休業の請求をすることができる。

5 使用者は職場におけるセクシャルハラスメントの防止義務を負うので，女性労働者が職場でセクシャルハラスメントの被害に遭った場合には，常に損害賠償責任を負う。

・・・

解説

1 誤。時間外労働・休日労働・深夜業に関しては，本肢記述のとおりである。しかし，坑内労働については現在も原則として女性の就労が禁じられている（労基法64条の2）。したがって，坑内労働を含めている点が誤りである。

2 妥当な記述である。産後8週間を経過しない女性は，その請求の有無を問わず就業させてはならないが，産後6週間を経過した女性が請求した場合で，医師が支障がないと認めた業務に就かせることは認められる（同65条2項）。

3 誤。男女雇用機会均等法のいわゆる女性優遇措置は，「男女の均等な機会及び待遇の確保の支障となっている事情を改善することを目的として」行われる場合に認められるもので（均等法8条），従来女性の進出が事実上妨げられていた職種への優先採用のようなケースに当てはまる。役員秘書は，従来から主として女性により担われてきた職種であるから，女性優遇措置は認められない。

4 誤。育児時間に関しては，本肢の記述が当てはまる（労基法67条1項）。しかし，育児休業の請求（申し出）については男女の区別は設けられておらず（育児・介護休業法5条），育児休業を含めている点が誤りである。

5 誤。セクシャルハラスメントの防止義務に関する前半の記述は正しい（均等法11条1項）。しかし，現実にセクシャルハラスメントが生じた場合に使用者が損

害賠償責任を負うか否かは，安全配慮義務違反（民法 415 条）または使用者責任（民法 715 条）の成否による。「常に」損害賠償責任を生じるわけではない。

解答　❷

問題③　派遣労働者および短時間・有期雇用労働者に関する次の記述のうち，妥当なものはどれか。

1 労働者派遣法による労働者派遣は，派遣元事業主が労働者を派遣し，派遣先事業主との間で労働契約を成立させるものであるから，職業安定法によって禁じられる労働者供給事業とは異なる。

2 派遣元事業主は，派遣先の事業所その他派遣就業の場所における組織単位ごとの業務について，期間の制限なく同一の派遣労働者に係る労働者派遣を行うことができる。

3 労働者派遣契約においては，派遣先事業主と派遣労働者との間に雇用関係はないものの，労働関係の適正化の観点から，派遣先事業主に対しても，派遣先管理台帳の作成・保存および派遣先責任者の選任が義務づけられている。

4 短時間・有期雇用労働者を雇用した事業主は，労働関係の明確化のため，労働時間その他の労働条件を記載した文書を労働者に交付することに努めなければならない。

5 常時 10 人以上の短時間・有期雇用労働者を使用する事業主は，短時間労働者に関する就業規則を作成し，かつ短時間・有期雇用管理者を選任しなければならない。

・・

解説

1 誤。労働者派遣法による労働者派遣事業は，「派遣元事業主と労働者との間で」労働契約が締結されるものである（派遣法 2 条 3 号，1 号）。本肢記述のような形態であれば，職業安定法 44 条の禁止する労働者供給事業に該当する。

2 誤。労働者派遣法 35 条の 3 は，「派遣元事業主は，派遣先の事業所その他派遣就業の場所における組織単位ごとの業務について，3 年を超える期間継

続して同一の派遣労働者に係る労働者派遣を行つてはならない」と規定する。
これは派遣労働者の個人単位の期間制限である。

3 妥当な記述である。本肢記述のとおり，派遣先事業主には派遣先管理台帳の
作成・保存義務（同42条）・派遣先責任者の選任義務（同41条）が課せら
れている。なお，派遣元事業主にも同様の義務が課されている（同36条・37
条）。

4 誤。労働者の雇入れ時における労働条件の明示は，労働基準法15条1項に
より義務づけられている。さらに，短時間・有期雇用労働者の雇入れ時には，
パートタイム・有期雇用労働法により特定事項について文書の明示等による明
示が義務づけられている（パート有期労働法6条）。

5 誤。短時間・有期雇用労働者に関する就業規則の作成義務（同7条，ただし，
本肢記述のような「常時10人以上の」という限定はない），および短時間・有
期雇用責任者の選任義務（同17条）も，努力義務にとどめられている。

解答　**3**

第2章

団体的労働関係

本章の分野では，団体交渉（第2節），争議行為（第4節），不当労働行為（第5節）が試験でよく問われる分野です。したがって，これら3点に重点を置いた学習が効率的となります。

重要度

★★☆

1 労働組合

労働組合法上の労働組合は，特別に労働者を保護するための制度なので，憲法上の労働組合よりも労働組合法上の組合のほうが狭い概念となります。要件をしっかり押さえてください。労働組合に関しては，重要な判例について十分に注意して学習しましょう。

1．労働組合の概念と要件

（1）労働組合の設立

　労働組合とは，労働者が労働条件の交渉その他の団体的行動を行うために自主的に組織する団体であって，その設立は憲法28条の団結権により保障されている。そこで，労働組合の設立について特に法的な要件は設けられておらず，労働者は自由にこれを設立することができる（**自由設立主義**）。

（2）労働者による各種の団結体

　労働組合法は，労働組合の定義を置くとともにその要件を規定し（労組法2条），さらに労働組合法の規定する各種の資格・救済が与えられるためには，規約を作成して資格審査を経なければならないとする（同5条）。したがって，労働組合には，①労働組合法2条の要件を具備する**労働組合法上の労働組合**があり，その中には，1）労働組合法5条の要件も充たすもの（**適格組合**）と，2）そうでないもの（**非適格組合**）があるほか，②労働組合法上の労働組合ではないが，なお憲法の団結権に基づいて結成された労働者の組合といえるもの（**憲法組合**）とがあることになる。

① 労働組合法上の労働組合

　労働者が主体となって**自主的に**労働条件の維持改善その他経済的地位の向上を図ることを主たる目的として組織する団体またはその連合団体をいう（同2条本文）。このうち「自主的に」といえるためには労働組合法2条但書1号，2号の要件[1]も併せて備えることが要求されている（**自主性の要件**）。その内

---

1) このほか労働組合法2条但書には3号，4号の規定があるが，これは目的についての注意規定にすぎず，独立した意味はない。

130

容は，ア）使用者の利益代表者が参加していないこと，および，イ）使用者の経費援助を受けないことである。以上の要件を充たせば，労働組合法上の労働組合といえる。

さらに，労働組合法5条は，以上の自主性の要件のほか，民主的運営確保の観点から一定の内容を備えた**規約**の作成（**民主性の要件**）を要求し，労働組合法上の特別の保護を認められるためには，労働委員会において自主性の要件および民主性の要件の具備を立証しなければならないとする（**資格審査**）。

したがって，労働組合法上の労働組合には次の二つが存在する。

適 格 組 合：自主性の要件および民主性の要件を備え，資格審査を経たもの（法適合組合ともいう）

非適格組合：少なくとも自主性の要件を備えるが，資格審査を経ていないもの（規約不備組合ともいう）

非適格組合であっても，労働組合として団体交渉権・団体行動権・協約締結権が認められるほか，組合員に対して不当労働行為の禁止（同7条，労働組合法が定める救済手続きは利用できない），刑事免責（同1条2項），民事免責（同8条）の保護が及ぶ。

② **憲法組合**

前述の労働組合法2条本文の定義に基本的に合致するものは「労働組合」と称しうるが，同条但書1号，2号（自主性の要件）の一方または双方を欠くものは労働組合法上の労働組合とはいえない。例えば，会社の管理職が参加していたり，会社から経済的援助を受けていたりする団体である。

このような団体は，労働組合法によって認められる権利は享受し得ないものの，憲法28条の団結権に基づき結成された労働組合とはいえる。そこで，憲法上の権利たる団体交渉権（およびその結果としての協約締結権）・団体行動権の保障を受ける。このような組合を憲法組合（自主性不備組合）という。

③ **争議団**

労使間の紛争の解決等を目的として一時的に結成された労働者の団体をいう。労働「組合」といえるためには，団体としての継続性を備えていなければならないので，争議団は労働組合とはいえない。しかし，これも憲法28条の団結権に基づく労働者の団結体であるから，団体交渉権・団体行動権の保障を受ける。

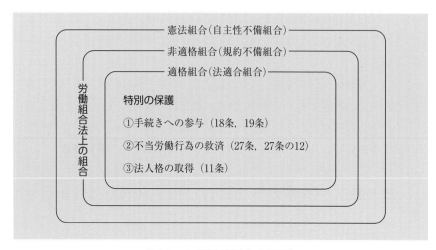

〈図1　各種労働組合の関係〉

2. 適格組合の個別的要件

　労働委員会に対して，次の（1）〜（5）の個別的要件を充たすことを立証すると適格組合となり，また，その証明を受けた労働組合は，その主たる事務所の所在地において登記すれば法人となる（労組法11条）。なお，（1）〜（5）の個別的要件を充たすか否かの労働委員会の審査を**資格審査**という。

（1）大部分が労働者によって構成されていること

　労働組合法上の労働者とは，「職業の種類を問わず，賃金，給料その他これに準ずる収入によって生活する者」（労組法3条）をいう。一時的には賃金等を得ていなくても，生活のために得ようとしている者であれば，アルバイト，パートタイム労働者はもちろん，**失業者も労働者に含まれる。**この失業者が含まれる点が労働基準法上の労働者と異なる（法概念の相対性）。

　近年は働き方の多様化に伴って，企業側と労働契約を結ばないで業務に従事する者が増えており，企業側と対立した際に労働組合法上の労働者に当たるか否かが問題となることも多い。**例えば，以下の①〜③の者は，企業側と労働契**

約を結んでいないが，労働組合法上の労働者として認められている[2]。

① 住宅設備機器の修理補修等を業とする会社と業務委託契約を締結し，その修理補修等の業務に従事する受託者（INAX メンテナンス事件，最判平23.4.12）

② 年間を通して多数のオペラ公演を主催する財団法人との間で期間を１年とする出演基本契約を締結したうえ，公演ごとに個別公演出演契約を締結して公演に出演していた合唱団員（新国立劇場運営財団事件，最判平23.4.12）

③ 音響製品等の設置，修理等を業とする会社と業務委託契約を締結し，顧客宅等を訪問して行う出張修理業務に従事する受託者（ビクターサービスエンジニアリング事件，最判平24.2.21）

（2）自主性を有すること

労働組合法によって特別の保護の恩典を受ける労働組合の結成・維持・運営は，使用者から独立して自主性を有していることが必要とされている（労組法２条但書）。使用者の意のままに動く，いわゆる御用組合には保護の恩典を与える必要はないからである。したがって，**次の２点が自主性の消極的要件**となる。

① 使用者の利益代表者を参加させないこと（同条但書１号）

② 使用者から経費援助を受けないこと（同条但書２号）

ただし，使用者から一定の便宜の供与を受けることは組合活動にとってもプラスになる。そこで，組合活動の自主性を損なうおそれの少ない，次の行為については，「経費援助」には該当しないとされる（同号但書）。

- 労働時間中に時間または賃金を失うことなく，使用者と協議・交渉すること
- 厚生資金または経済上の不幸もしくは災厄を防止し，もしくは救済するための支出に実際に用いられる福利その他の基金に対する使用者の寄附
- 最小限の広さの事務所の供与

2）労働組合法上の労働者性を判断する際は，①事業組織への組入れ，②契約内容の一方的・定型的決定，③報酬の労務対価性，④業務の依頼に応じるべき関係（諾否の自由の有無），⑤広い意味での指揮監督下の労務提供や一定の時間的場所的拘束を判断要素とするとともに，⑥顕著な事業者性がある場合は労働者性を否定する要素（消極的要素）として考慮されている。

（3）目的が適合していること

「労働条件の維持改善その他経済的地位の向上を図ること」を主たる目的としていることが必要とされる（労組法2条本文）。

したがって、共済事業その他福利事業のみを目的とするもの（同条但書3号）、主として政治運動または社会運動を目的とするもの（同条但書4号）は労働組合法上の労働組合とはならない。

ただし、労働組合が共済事業・政治運動・社会運動を行うことができないということではない。労働組合法上の特別の保護を受けるためには、これらを主たる目的とすることができないとするにすぎない。

（4）団体性を有すること

使用者と労働力の集団的取引をするのが労働組合だから、団体またはその連合団体であることが必要とされる（労組法2条本文）。

（5）民主性を備えること

これは、民主性を担保しうる内容の組合規約の作成という形で要求されている（労組法5条2項）。具体的には、組合員の運営参加権および均等な取扱い（同項3号）、組合員資格における差別の禁止（同項4号）、組合員の直接無記名投票による役員の選出（同項5号）等が組合規約に規定されていることが必要である。

〈表1　労働組合等の法的地位の比較〉

	団体交渉・争議行為の免責	協約能力	不当労働行為の救済	労働組合法上の手続き参与	争議の調整
適格組合	○	○	○	○	○
非適格組合	○	○	×*	×	○
憲法組合	○	○	×*	×	○
争議団	○	×	×*	×	○

＊適格組合でなくても個々の労働者に対する救済はある（労組法5条1項但書）。

134

3. 労働組合の組織と運営

（1）加入・脱退

　原則として，労働者が労働組合に加入したり，労働組合から脱退したりすることは個々の労働者の自由である。しかし，組合は組織力強化のため組合加入を事実上強制するショップ条項を定めている場合が多い。ショップ条項を定めているショップ制としては，次のようなものがある。

〈表2　各種のショップ制〉

①ユニオン・ショップ （主に日本の民間企業で採用）	団体交渉を中心にした労使自治の推進を図るために，労働者のうち，協定締結組合に加入しない者および協定締結組合の組合員でなくなった者を使用者が解雇する義務を負う旨の協約条項
②クローズド・ショップ （主にアメリカで採用）	使用者がすでに労働組合に加入している者のみを採用しなければならず，かつ，その労働者が組合員資格を失ったときは解雇しなければならない旨の協約条項
③オープン・ショップ （主に日本の公共部門で採用）	組合加入または組合員であることは雇用の条件とされておらず，また，組合員の資格を喪失しても解雇されない旨の協約条項

（2）ユニオン・ショップ協定（ユ・シ協定）

①　意　義

　協定締約組合の組合員たることを雇用の条件とし，**使用者は協定締結組合から除名ないし脱退した者を解雇する義務を負う**旨の，組合と使用者との間の協定をいう。わが国では企業内組合が主流であることから，ユニオン・ショップ協定が締結される例が多い。

　これは**個々の労働者の団結の自由を制約**する側面も有するものの，強大な使用者に対抗するという労働組合の性質上，労働者の団結の自由も一定の制約を受けざるを得ず，このような協定も**有効**とされる。

②　効力の限界

　しかし，協定の効力を無条件で認めると，労働者が締約組合以外の組合に加

入する自由も否定されてしまうことになる。そこで判例は，協定の効力の及ぶ範囲につき，次のような限界を設けている。

1）労働者がユニオン・ショップ協定の締結当時すでに他の組合を組織している場合には，その者にはユニオン・ショップ協定の効力は及ばない（三井倉庫港運事件，最判平元.12.14）。

2）ユニオン・ショップ協定の締結組合からの脱退者や被除名者が，他の組合を結成したり他の既存組合に加入したりした場合には，使用者は協定に基づく解雇をなしえない（日本鋼管鶴見製作所事件，最判平元.12.21）。

③　協定に基づく解雇（ユ・シ解雇）

使用者がユニオン・ショップ協定に基づいて労働者を解雇した場合，当該労働者に協定の効力が及ぶ限りで，その解雇には合理性が認められる（ユ・シ解雇）。すると，ユ・シ解雇に合理性が認められるのはユニオン・ショップ協定に基づいていることが前提となるから，その前提たる**組合からの除名が無効**であれば，解雇も合理性を欠くに至り，特段の事由がない限り，**解雇権の濫用として無効**となる（日本食塩製造事件，最判昭50.4.25）。

（3）労働組合の運営

①　組合の組合員に対する統制権

組合の統制権とは，組合が組合員に対して，規約や組合の決定の遵守や組合規律の維持を要求し，違反者に対して制裁を行うことのできる権限をいう。構成員に対する一定の統制は，団体を維持するうえで当然予定されるものであるから，組合には**憲法28条の団結権**に基づき，統制権が認められる（三井美唄労組事件，最大判昭43.12.4）。

しかし，組合の統制権も組合員の自由を過度に制約するものであってはならない。そこで判例は次のような限界を認めている。

1）労働者の政治活動の自由の制約

組合として公職選挙における特定候補者の支持を決定し，組合員に支持を要請することはできるが，これに反して行動する組合員に対しては**勧告・説得をなしうるにとどまり**，組合員の次のような行動に対して制裁を加えることは許されない。

　　── 組合の方針に反する独自の立候補（前掲三井美唄労組事件）
　　── 組合の支持する候補者以外の候補者の支援活動（中里鉱業所事件，最判
　　　　昭 44.5.2）
　　── 組合の選挙活動のための臨時組合費の納入拒否（国労広島地本事件，最
　　　　判昭 50.11.28）

　2）労働者の言論の自由の制約
　　　組合員による組合執行部や組合方針の批判活動は，事実に基づく公正な
　　ものである限り，統制処分の対象となしえない（大阪地判昭 56.1.26 等）。
　3）組合の違法な指令に対する違反
　　　組合も法令を遵守する義務を負うから，組合員は組合の違法な争議等の
　　指令に従う義務を負わない（秋田地判昭 35.9.29）。

② 使用者の組合に対する便宜供与

　労働組合法 2 条 2 号但書および 7 条 3 号但書は，使用者による一定の便宜供
与を経費援助に該当しないとするが，これと同程度の便宜供与であれば，組合
の自主性を損なうこともなく，組合活動に資するものでもあることから，認め
られるものと解されている。

　1）具体例
　　── 在籍専従（従業員の地位を保持したまま，組合の専従員となること）
　　── チェックオフ（組合費の代理徴収）
　　── 組合休暇（組合業務のための有給ないし無給の休暇）

　　　なお，**チェックオフ**は，賃金に関する全額払いの原則の例外として，事
　　業場の**労使協定**（労基法 24 条 1 項但書，第 1 章第 5 節 2 参照）があれば
　　認められるが（済生会中央病院事件，最判平元.12.11），実際にこれを行
　　うには**個々の組合員の委任**が必要である（エッソ石油事件,最判平 5.3.25）。

> [判例] **チェックオフ協定の有効性**　　　　　（エッソ石油事件，最判平 5.3.25）
> 　使用者が有効なチェックオフを行うには，チェックオフ協定（労基法 24 条 1 項但
> 書）に加えて，個々の組合員からチェックオフを行うにつき委任を受ける必要がある。
> よって，チェックオフの開始後でも，組合員からチェックオフの中止の申入れを受け
> た場合，使用者はチェックオフを中止しなければならない。

2）しかし，過度の便宜供与は経費援助となる。例えば**在籍専従者の給与を使用者が負担**したり，過剰な有給の組合休暇を認めたりするような場合である。

3）これらの便宜供与はあくまで許容されるにすぎない。従来から便宜供与が行われてきたとしても，組合が使用者に便宜供与を**請求する権利**まで認められるわけではない。ただし，便宜供与の不当な不承認が不当労働行為（第5節参照）となることはある。判例は，**組合休暇の不承認が組合活動に対する牽制手段**としてなされたときは，当該不承認は不当労働行為となるとする（全逓都城郵便局事件，最判昭51.6.3）。

（4）解　散

労働組合は，次のいずれかの事由によって解散する（労組法10条）。

① 　規約で定めた解散事由の発生（同1号）

② 　組合員または構成団体の4分の3以上の多数による総会の決議（同2号）

◇◇◇◇ **ポイント整理** ◇◇◇◇◇◇◇◇◇◇◇◇◇◇◇◇◇◇◇◇◇◇◇◇◇◇◇◇◇◇◇◇◇◇◇◇

1 労働組合法上の労働組合とは，労働者が主体となって自主的に労働条件の維持改善その他経済的地位の向上を図ることを主たる目的として組織する団体またはその連合団体をいい，「自主的に」といえるためにはさらに労働組合法2条但書1号，2号の要件を充たす必要がある。

2 労働組合法上の労働組合でなくても，労働者の団結権の行使に基づく団体は，憲法28条の団体交渉権・団体行動権の保障を受ける。

3 労働組合が労働組合法上の各種の資格・救済を認められるためには，資格審査を経る必要がある。

4 ユニオン・ショップ協定は有効であるが，その効力は，締結当時他の組合に加入していた者や，除名・脱退後他の組合に加入した者には及ばない。

5 組合が公職選挙の特定候補者の支持を決定したとしても，組合員に対しては当該決定に従った行動を勧告・説得できるにとどまり，従わない者に対して制裁を加えることは許されない。

6 使用者が組合に対して自主性を損なわない程度の便宜供与を行うことは認められるが，組合が便宜供与を請求する権利を有するわけではない。

Exercise

問題①　労働組合法上の労働組合に関する次の記述のうち，判例に照らし，妥当なものはどれか。

1 労働組合法上の組合を構成する労働者とは，職業の種類を問わず，賃金・給料その他これに準じる収入によって生活する者をいい，アルバイトはこの労働者に含まれない。

2 労働組合とは，労働者が主体となって自主的に労働条件の維持改善その他経済的地位の向上を図ることを主たる目的として組織する団体またはその連合体をいうから，もっぱら労働者のための福利事業を営む団体も労働組合となる。

3 労働組合の組合員は組合費を納入する義務を負い，その徴収方法としては賃金控除協定に基づき，会社の支給する賃金から組合費を天引きする方法が認められている。

4 労働組合は憲法 28 条の労働者の団結権の保障として個々の労働者に対する統制権を有するものの，無制限に統制権を行使できるものではなく，組合員を除名することはできない。

5 労働組合法が適用される労働組合となるためには一定の資格審査があるから，その資格審査を経ていない労働組合については，労働組合法のいかなる適用もない。

. . . .

解説

1 誤。労働組合法上の組合を構成する労働者とは，職業の種類を問わず，賃金・給料その他これに準じる収入によって生活する者をいい，アルバイト・パートタイム労働者・失業者もこの労働者に含まれる（労組法3条）。

2 誤。労働組合法上の労働組合は，労働条件の維持改善その他経済的地位の向上を図ることを主たる目的としていることが必要とされる（同2条）。したがって，共済事業その他福利事業のみを目的とするもの（同条但書3号），主として政治運動または社会運動を目的とするもの（同条但書4号）などは，労働組合法上の労働組合とはならない。

3 妥当な記述である。労働組合員の義務には，組合費納入義務，規約遵守義務，組合の統制権に服する義務がある。このうちの組合費納入義務について，本肢のような賃金控除協定（チェックオフ協定）に基づく組合費の控除は有効である。

4 誤。憲法 28 条に基づいて，労働組合はその目的を達成するために合理的な範囲内においてその組合員に対する統制権を有しているから，社会通念上相当と認められる場合には除名をすることも可能である。

5 誤。労働組合が労働組合法に規定する各種の資格や救済を受けるためには，同法5条の資格審査を経ている必要がある（適格組合）。しかし，労働組合の基本的な要件（同2条）を充たす限り，労働組合法上の労働組合（非適格組合）であって，同法による資格・救済が認められないとする点（同5条）を除いて同法の適用がある。

解答　❸

問題②　労働組合法上の労働組合に関する次の記述のうち，妥当なものはどれか。

1 労働組合は，労働者が主体となって自主的に組織する団体をいうが，労働者が中心となって結成された団体であっても，使用者側の利益を代表する者が参加している場合には「自主的に」といえないので，労働組合法上の労働組合に該当しない。

2 労働組合は，団体としての継続性を備えているものでなければならないから，労使紛争解決のために一時的に結成された団体は労働組合とはいえず，このような団体の行動には当然に正当性が認められない。

3 労働組合法上の労働組合は，労働条件の維持・改善その他の経済的地位の向上を図ることを目的とする団体でなければならないから，部分的・付随的であっても会員相互の共済事業や政治運動を行う団体は労働組合と認められない。

4 労働組合法上の労働組合はその設立について許可や届出は不要であるから，労働組合法に定める要件を充たすことを特に立証しなくても，同法に規定する手続きに参与し，かつ，同法に規定する救済を受けることができる。

5 労働者は労働組合に加入する自由と加入しない自由を有するから，労働組合法上の労働組合が，組合員であることを雇用条件とするいわゆるユニオン・ショップ協定を締結して組合加入を事実上強制することは許されない。

....

解説

1 妥当な記述である。たとえ労働者が中心になって結成した団体であっても，使用者側の利益を代表する者の参加を許している場合には，労働組合法2条但書1号の要件を欠き，「自主的に」とはいえなくなる。したがって，労働組合法上の労働組合には該当しない。

2 誤。労使紛争解決のために一時的に結成された団体（争議団）は労働組合とはいえないとする前半の記述は正しい。しかし，そのような団体でも憲法28条の団体交渉権・団体行動権の保障は受ける。したがって，それらの権利の正当な行使としての行動には正当性が認められる。

3 誤。部分的・付随的に会員相互の共済事業や政治運動を行う団体であれば「労働組合」と認められる（労組法2条但書3号，4号参照）。

4 誤。前半の自由設立主義についての記述は正しい。しかし，後半の記述が誤りである。すなわち，労働組合法に定める要件を充たすことを立証しなければ，同法に規定する手続きに参与し，同法に規定する救済を受けることはできない（同5条）。

5 誤。確かに，「労働者」は労働組合に加入する自由と加入しない自由を有するものの，団結権は団結しない自由に優先し，いわゆるユニオン・ショップ協定を締結して組合加入を事実上強制することは許される。

解答　**1**

問題③　労働組合の運営に関する次の記述のうち，妥当なものはどれか。

1 労働組合は，組合員に対する統制権の行使として戒告や除名などを行うことができるが，制裁金を課すことは許されない。

2 労働組合は，団体としての秩序維持の必要から，組合方針に対する組合員の批判を禁止し，これに違反した組合員を処分することができる。

3 労働組合は，組合の方針に反し，組合の支持する公職選挙立候補者に対立する候補者への支援活動を行った組合員に対して，統制処分を行うことはできない。

4 労働組合は，使用者から経理上の援助を受けることは認められないので，組合業務上の必要を理由として組合員が有給の休暇を取得することは許され

ない。

5 従業員が従業員の地位を保持しつつ組合活動に専従することは，憲法 28 条の団結権の行使として保障されたものということができる。

解説

1 誤。統制違反に対する制裁（統制処分）の方法は，公序良俗（民法 90 条）に反しない限り，組合の自治に委ねられる。戒告・除名のほか，制裁金や組合員としての権利停止なども認められる。

2 誤。組合の運営は民主的であることが要請されるから，組合員の言論の自由はできるだけ保障されなければならない。組合方針に対する批判は，それが事実に基づく公正なものである限り，統制処分の対象とすることは許されない（大阪地判昭 56.1.26 等）。

3 妥当な記述である。組合員の政治的活動の自由は，選挙における投票の自由（憲法 15 条）と表裏をなすものとして可及的に尊重されるべきである。本肢記述のような場合に，組合が組合員に対し統制処分を行うことは許されない（中里鉱業所事件，最判昭 44.5.2）。

4 誤。労働組合法 2 条 2 号但書および 7 条 3 号但書列挙事由に準じる程度の便宜供与は経費援助に該当せず，認められると解されている。一般に，本肢のような有給による組合休暇も，過度のものでない限り認められている。

5 誤。本肢記述のケースを在籍専従という。これは便宜供与として認められるが，あくまで使用者の承諾に基づくものであって，憲法 28 条の団結権から当然に認められるものということはできない（和歌山市教組事件，最大判昭 40.7.14）。

解答 ③

2 団体交渉

団体交渉とは，労働者の集団（労働組合）の代表者による労働力の集団的取引なので，前提として使用者が団体交渉に応じることが必要とされ，また，労働者側も正当な交渉を行うことが要求されます。

1．団体交渉の意義

　労働者の集団または労働組合が代表者を通じて，使用者または使用者団体の代表者と，労働者の待遇または労使関係上のルールについて，合意に達することを主たる目的として交渉を行うことを**団体交渉**（団交）という。

2．団体交渉の主体

（1）労働者側当事者

① 単位労働組合

　構成員が労働者個人である労働組合のことを単位労働組合という。使用者は，上部団体との二重交渉を避けるために団体交渉権の調整を求めて交渉を一時延期できる場合以外には，単位労働組合との交渉を拒否できない。

　使用者が，多数組合との間の労働協約において当該組合を唯一の交渉相手と認め，他の少数組合と交渉しない旨の条項（**唯一交渉団体条項**）を締結することがあるが，これは他の少数組合の団体交渉権（憲法28条）を奪うものであるから，その効力は認められない。

② 上部団体

　労働組合法2条に該当し，加盟組合に対する統制権をもつ団体を上部団体といい，その団体独自の事項，加盟組合に統一的な事項については固有の団体交渉権を有する。

　また，上部団体が規約の定め・慣行により単位労働組合限りの事項についても競合的団体交渉権を有する場合，単位労働組合と上部団体で交渉権限が統一されている限り，使用者は共同交渉を拒否できない。

　これに対し，上部団体が競合的団体交渉権を有する場合に，いずれかの団体が単独交渉の申入れをしてきた場合には，二重交渉のおそれが生じるため，使用者は交渉権限が調整・統一されるまで一時的に交渉を拒否することができる。

③　下部組織

　労働組合の支部等の下部組織は，それ自体が一個の労働組合としての組織的実体を備えているものもあり，そのようなものであれば，当該組織自身の事項については交渉権を有する。これに対して，そのような実体を備えない下部組織（職場組織）には，独自の交渉権は認められない（福岡高判昭 48.12.7）。

④　同一企業内に複数の組合がある場合

　原則として独立に交渉権を有する。複数の組合が共同交渉を申し入れた場合，1）**組合相互間に統一意思と統制力が確立されている場合か**（交渉権限の一本化），2）使用者が共同交渉を約束していたり，あるいは共同交渉が労使の慣行となっていたりするなど**特段の事情**がある場合でない限り，使用者が共同交渉に応じる義務はない（旭ダイヤモンド工業事件，最判昭 60.12.13）。

⑤　争議団

　労働組合法上の労働組合ではないが，憲法 28 条の団体交渉権の保障を受ける以上，交渉権を有する。

〈表 3　労働者側当事者〉

団　体	共同交渉をなしうる条件
上部団体	1）団体規約・労使慣行等から単位労働組合との競合的団体交渉権が認められ，かつ， 2）単位労働組合との間で交渉権限が統一されていること 　→　この場合，共同交渉が原則となる
同一企業内の複数組合	1）組合相互間に統一意思と統制力が確立しているか，または， 2）使用者との約束，労使慣行等特段の事情のあること 　→　この場合，共同交渉に応じる義務が発生

団体的労働関係

（2）使用者側当事者

① 個々の使用者

労働協約上の権利義務の主体となりうる者は，団体交渉の当事者となる。

② 使用者団体

団体構成員のために統一的に団体交渉をなし，かつ労働協約を締結しうる使用者団体も団体交渉の当事者となる。

（3）団体交渉の担当者

団体交渉の当事者は，会社等の法人である場合が多いから，当事者の構成員のうちいかなる者が団体交渉を担当するのかを考える必要がある。以下，労使それぞれについて説明する。

① 労働者側の担当者としては，通常は労働組合の代表者，すなわち執行委員長や副執行委員長，執行委員である。また，労働組合の委任を受けた第三者，例えば弁護士も担当者となりうる（労組法6条）。

② 使用者側の担当者としては，会社等の法人である場合には，いかなる役職の者がどの範囲で交渉権限を与えられているかによって具体的に決せられる。ただし，ある事項につき交渉権限が認められる以上，当該事項につき妥結権限等まで有する必要はない[3]。

3. 団体交渉事項

① 団体交渉権保障の目的は，労働条件についての労使の実質的対等化・労使自治の促進にある。したがって，**団体交渉事項（団交事項）は労働者の労働条件その他の待遇や当該団体的労使関係の運営に関する事項**であって，使用者に処分可能なものとされる（**義務的団交事項**）。もっとも義務的団交事項であっても，使用者は，交渉のテーブルにつき誠実に交渉に応じれば足り，組合側の要求を飲むことまで義務づけられているわけではない。これに対して，もっぱら経営権の専権事項については，使用者が任意に交渉に応じない

---

3) 協約締結権限のない事項についてであっても交渉権限が与えられている以上，団体交渉の申入れには応じたうえ，合意が成立したときはこれを協約締結権者に具申して協約とするよう努力すべきであるから，交渉権限が与えられている者による団交拒否は不当労働行為（労組法7条2号）に当たる（全逓都城郵便局事件，最判昭51.6.3）。

限り団体交渉事項とはならない（**任意的団交事項**）。

② また，非組合員に固有の労働条件・待遇に関しても，組合員の待遇との関連が強いものを除き，組合は団体交渉権を有しない。

③ 労働条件・労働者の待遇に関する事項であれば，団体交渉を行うべき事項であるとの労使間の合意は必要とされない。

4. 団体交渉の態様・手続き

（1）態　様

団体交渉の態様としては，使用者側にあっては**誠実交渉義務**の遂行が要求される。労働組合側にあっては威嚇的・暴力的手段を用いず，代表者を通じて整然と交渉に臨むことが要求される。

（2）手続き

団体交渉の開始に当たっては，交渉当事者，交渉担当者，交渉事項が明確にされることが必要であり，通常は組合側が「団交申込書」を提出する。その後，両者の折衝によって，交渉の日時，場所，時間等が決定される。

5. 団体交渉拒否に対する救済

（1）団交権の保障と団交拒否

団体交渉権（団交権）は憲法28条によって労働者集団または労働組合に保障された権利であり，正当な団交申入れに対しては，それを強要罪等の処罰の対象とすることはできず（**刑事免責**，労組法1条2項），不法行為等による損害賠償の対象ともならず（**民事免責**，同8条），また，団交申入れを行った者を不利益に取り扱うことは許されない（**不利益取扱いの禁止**，同7条1号）。

逆に，使用者が団交申入れを正当な理由なくして拒否する場合，もしくは団交には応じても誠実交渉義務に反する態度をとる場合には，**団体交渉拒否（団交拒否）**として不当労働行為（同7条2号，第5節参照）となる。この場合，組合としては次の措置をとることができる。

（2）団体交渉拒否に対する救済

① 労働委員会による救済

１）不当労働行為の救済申立て（労組法 27 条）

　　労働組合法上の**適格組合**は，労働委員会に対して不当労働行為の救済申立てをなしうる。労働委員会は，不当労働行為と認める場合には使用者に対する団交応諾命令等を発することができる。なお，資格審査を経ていない組合であっても，救済の審査と併行して資格審査を受け，救済命令を発するまでに資格審査を経ればよい（最判昭 62.3.20）。

２）斡旋の申請（労調法 12 条）

　　適格組合でなくとも，労働委員会に対して，労働争議として斡旋の申請を行うことができる（第 6 節参照）。

② 裁判所による救済

団交権を有する労働者の団体（適格組合に限らない）は，裁判所に対して次のような訴えをなしうる。

- 団交を求める地位の確認の訴え（国鉄事件，最判平 3.4.23）：団交を求める法的地位を有することを裁判所の判決によって確認するものである。
- 不法行為による損害賠償請求

以上に対して，かつては使用者に対する団交応諾の仮処分命令が可能であるとする見解が有力であったが，裁判例ではこのような仮処分を否定する傾向にある（東京高決昭 50.9.25）。

◇◇◇◇ **ポイント整理** ◇◇

1 唯一交渉団体条項は，他の組合の団体交渉権（憲法 28 条）を奪うので，その効力は認められない。

2 上部団体も規約の定め・慣行により，単位労働組合限りの事項についても競合的団体交渉権を有する。

3 複数組合の共同交渉では，①組合相互間に統一意思と統制力が確立されていない場合か，②共同交渉に応じることが合理的かつ相当であると認められる特段の事情がない場合でない限り，使用者は共同交渉の申入れを拒否できる。

4 使用者の団交拒否には，文字どおりの団交拒否のほか，誠実交渉義務に反する態様の団交拒否もある。

5 団交拒否に対する救済としては，労働委員会に対する救済申立てや斡旋の申請，裁判所に対する団交を求める地位確認の訴えや不法行為による損害賠償請求などがあるが，このうち労働委員会に対する救済申立てが認められるのは労働組合法上の適格組合に限られる。

Exercise

問題①　団体交渉に関する次の記述のうち，妥当なものはどれか。

1 被解雇者の労働契約は終了しているので，被解雇者を擁する労働組合はいかなる場合でも団体交渉の当事者とはならない。

2 団体交渉を直接に担当する者は，使用者側・労働者側とも労働契約を締結する権限を有する者に限られる。

3 非組合員の労働条件について団体交渉の申入れがあった場合に，それが組合員の労働条件・待遇に関しない事項ならば，使用者はその申入れを断ることができる。

4 特定の要求を実現するために一時的に結成された団結体は，団体交渉の当事者となりえない。

5 使用者が団体交渉の相手である労働組合の組合員の人数や氏名をほぼ把握していても，組合員名簿の不提出を理由に団体交渉を拒否することは許される。

....

解説

1 誤。労働契約が終了するといっても，解雇の効力を争っている場合には，その終了は確定的なものではない。また，仮に解雇を受け入れたとしても組合員資格が当然に失われるわけではない。さらに，実質的に考えてみても解雇について当該組合が団体交渉の当事者とならないとすれば，労働者が組合に加入するメリットがないといっても過言ではない。以上から，被解雇者に関する事項でも，原則としてその所属する労働組合が団体交渉の当事者となりうる。

2 誤。労働組合の代表者または労働組合の委任を受けた者は，使用者側・労働者側とも労働契約を締結する権限を有する者でなくても，労働協約の締結その他の事項に関して交渉する権限を有する（労組法6条）。

3 妥当な記述である。労働組合は当該組合員の労働条件・待遇に関する事項についての交渉権を有するのであり，これに関しない事項ならば使用者はその申入れを断ることができる。非組合員に固有の労働条件・待遇に関しては，組合は団体交渉権を有しないのである。

4 誤。労働者の団結権の行使に基づく団体であれば団体交渉をなしうる。

5 誤。組合員の人数をほぼ確認しているのに，組合員名簿未提出を理由に団交拒否していることには正当な理由があるとは認めがたく，労働組合法7条2号

の不当労働行為に当たる（池上通信機事件，中労委命令昭 56.11.18）。

解答　3

問題②　団体交渉に関する次の記述のうち，妥当なものはどれか。

1 使用者は，多数組合との間の労働協約において当該組合を唯一の交渉相手と認め，他の組合と交渉しない旨の条項を締結した場合は，少数組合からの団体交渉の申入れを拒否することができる。

2 使用者は，労働協約の有効期間中に当該協約に規定されている事項の改廃を目的とする組合からの団交の申入れに対しては，その申入れを正当化するほどの事由が生じた場合でない限り，これを拒否することができる。

3 使用者は，企業内の二つの組合による共同交渉の申入れに対して，当該二つの組合の間に統一意思が確立されていない場合においても，個別に交渉に応じることを理由にこれを拒否することはできない。

4 使用者は，労働組合法 2 条の要件を充たす労働組合であれば，その組合に所属する個々の組合員からの交渉の申入れに対しても，これを拒否することができない。

5 使用者は，単位労働組合とその上部団体との共同での交渉の申入れを拒否することはできないが，上部団体の単独での交渉の申入れに対しては，単位労働組合と交渉することを理由に拒否することができる。

・・

解説

1 誤。唯一交渉団体条項は，他の組合の団体交渉権（憲法 28 条）を奪うので，その効力は認められない。

2 妥当な記述である。協約の有効期間中は，使用者側のみならず組合側もその内容を遵守する義務を負う（相対的平和義務）から，協約に規定されている事項の改廃を目的とする組合からの団体交渉の申入れに対しては，その申入れを正当化するほどの事由が生じた場合でない限り，これを拒否することができる。

3 誤。二つの組合の間に統一意思が確立されていない場合においては，交渉を通じて労使の合意を形成することが困難な場合もあるので，特段の事情がない限り，個別に交渉に応じることを理由に共同交渉を拒否することができる（旭ダ

イヤモンド工業事件，最判昭 60.12.13)。

4 誤。労働組合法2条の要件を充たす労働組合であっても，その組合に所属する個々の組合員からの交渉の申入れに対しては拒否することはできる。

5 誤。上部団体も規約の定め・慣行により，単位労働組合限りの事項についても競合的団体交渉権をもつ。この場合，使用者は単位労働組合と上部団体で交渉権限が統一されている限り共同交渉の申入れを拒否できない。さらに，上部団体に固有の事項や加盟組合に共通の事項については，上部団体の固有の交渉権を有する。このような場合，使用者は上部団体の単独交渉申入れを拒むことはできない。

解答　**2**

問題③　団体交渉に関する次の記述のうち，妥当なものはどれか。

1 労働者には団体交渉権に基づく刑事免責が認められるから，たとえ団交申入れに当たって使用者に対し暴行により傷害を負わせたとしても，これを犯罪として処罰することはできない。

2 労働者が団交申入れに際し使用者に対して威圧的な態度をとった場合，使用者はこれを理由として労働者を解雇することは許されないが，戒告等軽度の懲戒処分に処することはできる。

3 使用者が正当な理由なくして団体交渉を拒否する場合，労働組合は適格審査を経ていると否とにかかわらず，労働委員会の救済命令を受けることができる。

4 使用者が正当な理由なくして団体交渉を拒否する場合，労働組合は裁判所に対して使用者が団体交渉に応じるべき仮処分命令を行うよう申し立てることができると解する点において争いはない。

5 労使紛争の解決のために労働者が臨時に結成した団体に対して，使用者が団体交渉を拒否する場合，当該団体は裁判所に対し団体交渉を求める地位の確認を求めることができる。

解説

1 誤。刑事免責は，あくまで正当な団交権の行使に対して認められるにすぎない。暴行ないし有形力の行使が一切認められないとまではいえないが，暴行により傷害を負わせたような場合には正当な団交権の行使とはいえず，処罰の対象となる（労組法1条2項但書参照）。

2 誤。正当な団交申入れに対する不利益取扱いの禁止は，解雇に限らず，軽度の懲戒処分その他の不利益に対しても及ぶ（同7条1号参照）。また，労働者が多少威圧的な態度をとったとしても，多くの場合，行為の正当性は失われない。

3 誤。労働組合の労働委員会に対する救済申立てが認められるには，労働組合法5条の資格審査を経ていなければならない（同5条1項）。ただし，資格審査は救済命令を発するために必要な要件であるから，資格審査を経ていなくても，救済申立てを行うこと自体はできる（併行審査を行う，最判昭62.3.20）。

4 誤。団交応諾の仮処分命令は，その根拠となる団交請求権の根拠が不明確であることに加え，給付内容の特定も困難であることから，これを否定するのが裁判例である（東京高決昭50.9.25）。

5 妥当な記述である。団交権を有する団体は，裁判所に対し団交を求める地位の確認を求める訴えを提起することができる。労使紛争の解決のため労働者が臨時に結成した団体（争議団）であっても，団交権は認められる。

解答 5

3 労働協約

労働協約は，本来，労働組合と使用者の間の契約ですが，労働法はこの協約に規範的効力という重要な効力を付与しています。そのため，実際上も重要な機能を営むので，本試験でも比較的よく出題されています。本節では，①成立要件，②期間，③規範的効力を中心に学習していきましょう。

1．労働協約とは

労働協約とは，労働組合と使用者またはその団体との間の労働条件その他に関する書面による協定をいう。

労働協約によって規定される内容は多様であるが，1）労働条件その他の労働者の待遇に関するもの，2）組合・使用者間の協議方法その他のルールの設定に関するもの，3）使用者の経営上の権限行使に対する組合の関与を定めるもの，などがある。

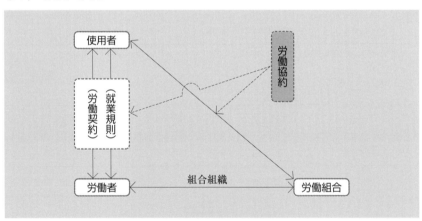

〈図2　労働協約の適用場面〉

2．労働協約の成立要件

（1）要式性

　労働組合と使用者またはその団体との間の労働条件その他に関する労働協約には，**書面**での作成と，両当事者の**署名または記名押印**（労組法 14 条）が必要である。口頭による合意では労働協約は成立しない。このように要式性が必要とされるのは，内容を明確にして後日の紛争を防止するためである。

> ［判例］**書面がない労働協約の効力**　　（都南自動車教習所事件，最判平 13.3.13）
> 　労働協約は複雑な交渉過程を経て団体交渉が最終的に妥結した事項につき締結されるものであることから，口頭による合意または必要な様式を備えない書面による合意のままでは後日合意の有無およびその内容につき紛争が生じやすいので，その履行をめぐる不必要な紛争を防止するために，団体交渉が最終的に妥結し労働協約として結実したものであることをその存在形式自体において明示する必要がある。そこで，労働組合法 14 条は，書面に作成することを要することとするほか，その様式をも定め，これらを備えることによって労働協約が成立し，かつ，その効力が生じることとしたのである。したがって，書面に作成され，かつ，両当事者がこれに署名しまたは記名押印しない限り，仮に，労働組合と使用者との間に労働条件その他に関する合意が成立したとしても，これに労働協約としての規範的効力を付与することはできない。

（2）有効期間

　3 年以下の有効期間を定めることができ，**3 年を超えて定めた場合には 3 年と定めたことにされる**（労組法 15 条 1 項，2 項）。あまり長期間の協約を設けると，事情の変化等に対応できず，かえって労使間の関係の安定を害することがあるからである。

　有効期間の定めのない労働協約や，有効期間の定めがあってもその期間の経過後に期間の定めのないものとして存続する旨の定めのある労働協約では，相手方に予告して解約をすることができる。この**予告**は，当事者の一方が署名または記名押印した文書によって少なくとも **90 日前**までにしなければならない（同条 3 項，4 項）。

※労働協約の成立要件のまとめ

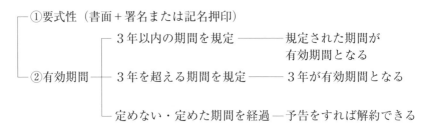

3. 労働協約の効力

（1）概　説

　労働協約は組合と使用者との間の協定ないし契約であり，基本的にはこの両者間に効力を生じる（**債務的効力**）。しかし，労働組合法はこれにとどまらず，個々の組合員の労働条件をも規律する効力を認めている（**規範的効力**，労組法16条）。また，一定の条件下では組合員以外の労働者や，他の企業に対しても効力が及ぼされる場合がある（効力の拡張，同17条，18条）。効力の拡張については項目を改めることとし，ここでは規範的効力および債務的効力について説明する。

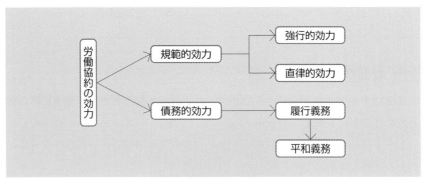

〈図3　労働協約の効力〉

（2） 規範的効力

① 意　義

　「労働条件その他の労働者の待遇に関する基準」について，使用者と組合員との関係を直接に規律する効力をいう（労組法16条）。具体的には，**労働協約の内容に反する労働契約の部分は無効となり（強行的効力）**，その部分は労働協約の定める基準がその内容となる（**直律的効力**）。

② 有利性の原則

　就業規則の場合には，就業規則よりも労働契約の定めが有利な内容であれば，労働契約の定めが優先的に適用される。これに対して，労働協約の場合，組合員に対する統制力保持の観点から，このような**有利性の原則は必ずしも認められず**，その内容が特に不合理なものでない限り，労働協約によって労働条件を労働契約で定める内容よりも引き下げることも認められると解されている（名古屋高判昭60.11.27等）。

> ［判例］**労働協約の不利益変更**　　（朝日火災海上保険（石堂）事件，最判平9.3.27）
> 　一部の組合員の定年および退職金支給基準率を不利益に変更する労働協約（本件労働協約）の規範的効力について，当該組合員に対して一定の昇給があるのを考慮しても，当該組合員が受ける不利益は決して小さいものではないが，本件労働協約が締結されるに至った経緯，会社側の経営状態，本件労働協約に定められた基準の全体としての合理性に照らせば，本件労働協約が一部の組合員を殊更不利益に取り扱うことを目的として締結されたなど労働組合の目的を逸脱して締結されたものとはいえなければ，その規範的効力を否定すべき理由はない。

（3） 債務的効力

　締約当事者としての組合と使用者との間に生じる効力であり，次のようなものがある。

① 履行義務

　組合および使用者は，労働協約の内容につき，契約当事者としてこれを遵守・履行する義務を負う。一方がこれに反する場合，他方はその履行および損

団体的労働関係

害賠償を請求することができる。

② **平和義務**

　1）相対的平和義務

　　当事者（主として組合）が，協約の有効期間中は**協約に定めた事項**（既定事項）の改廃を目的として争議行為を起こさないという義務をいう[4]。協約締結により当然に生じる義務である。この場合，既定事項の改廃を目的として交渉を求めることはできるが，使用者は交渉応諾義務を負わない。なお，次期協約の交渉期間に入れば，義務は消滅すると解される。

　2）絶対的平和義務

　　協約中に，協約の有効期間中**一切の争議行為を禁じる条項**を置いた場合に生じる義務をいう。このような取決めも有効と解されている。

（4）法令，就業規則との効力関係

　労働協約といえども法令に反することはできないが，労働契約や就業規則には優越する（労基法92条，労契法13条，労組法16条）。したがって，労働協約で1日6時間の労働時間制が定められていれば，就業規則が1日7時間制を規定していても，当該組合員の労働時間は1日6時間となる。このことは，当該組合員が個別的に1日8時間の労働契約を締結していても同様である。

4）労働協約の平和義務に違反する争議行為は，単なる契約上の債務の不履行で，企業秩序の侵犯には当たらないので，使用者は，労働者が当該争議行為をし，またはこれに参加したことのみを理由に，当該労働者を懲戒処分に付すことは許されないとした判例がある（弘南バス事件，最判昭43.12.24）。

〈表4 労働協約と就業規則の比較〉

	労働協約	就業規則
性質	労働組合と使用者との契約	使用者の一方的に定める規律
効力の及ぶ範囲	原則として締約当事者および締約組合の組合員	当該事業場のすべての労働者
効力関係	法令>**労働協約**>就業規則・労働契約	法令・労働協約>**就業規則**>労働契約
効力の内容ないし特質	**債務的効力**→協約内容すべてに生じる **規範的効力**→労働条件その他の労働者の待遇に関する基準について生じる	**合理的な労働条件を定めて周知された就業規則である限り，拘束力**を有する
有利性の原則	原則として**否定** 就業規則・労働契約の内容より労働協約の内容が労働者にとって不利であっても，その内容が特に不合理でない限り，労働協約が優先的に適用される	**肯定** 就業規則の内容より労働契約の内容が労働者にとって有利であれば，労働契約が優先的に適用される

4．労働協約の効力拡張

労働協約の規範的効力は締結労働組合の組合員に対してのみ効力を生じ，原則として，それ以外の組合員に対しては効力を生じない（契約の相対的効力）。この原則に対して，労働組合法は次の二つの例外を規定している。

（1）事業場単位の一般的拘束力

一つの工場事業場に常時使用される同種の労働者の４分の３以上の労働者が一つの労働協約の適用を受けるに至った場合には，当該工場事業場に雇用される他の同種の労働者に対しても，当該労働協約が適用される。当該事業場の労働条件の統一のためである。

なお，判例は以下のように述べて，例外的に労働協約の一般的拘束力を未組

織労働者に及ぼすことができない場合を認めている。

> [判例] **事業場単位の一般的拘束力**
>
> （朝日火災海上保険（高田）事件，最判平 8.3.26）
>
> 労働組合法 17 条所定の要件を充たす労働協約に定める基準が一部の点で未組織の同種労働者（未組織労働者）の労働条件より不利益であっても，それだけで不利益部分について労働協約の効力を未組織労働者に及ぼし得ないとすることはできない。しかし，労働協約によって特定の未組織労働者にもたらされる不利益の程度・内容，労働協約が締結されるに至った経緯，未組織労働者が労働組合の組合員資格を認められているかどうか等に照らし，労働協約を未組織労働者に適用することが著しく不合理であると認められる特段の事情があるときは，その効力を未組織労働者に及ぼすことはできない。

（2）地域的の一般的拘束力

一つの地域において従事する同種の労働者の大部分が一つの労働協約の適用を受けるに至ったときは，協約当事者の一方または双方の申立てに基づく**労働委員会の決議**があれば，厚生労働大臣や都道府県知事は，当該地域における他の同種の労働者およびその使用者にも，当該労働協約を適用する旨の決定ができる（労組法 18 条）。一定地域における支配的な労働協約の労働条件を，当該地域における公正労働基準とみなし，労働条件の切り下げを排除するものである。

事業場単位の一般的拘束力では，労働協約の適用者数が要件を充たしていれば当然適用されるのに対して，地域的の一般的拘束力では，**当事者の申立ておよび労働委員会の決議等**が必要である。

5．労働協約の終了

（1）労働協約の終了事由

① 労働協約の終了事由としては，1）有効期間の満了，2）解約，3）目的の達成，4）当事者の消滅，5）反対協約の成立などがある。

② 例えば，A組合から多数の者が離脱してB組合を結成し，他方，残留派が
A組合を名乗り続けている場合，もとのA組合の協約の帰属先はどうなるか
という問題がある。A組合がB組合に組織変更した場合には，B組合がA組
合の協約を承継する。A組合が新A組合とB組合に「分裂」すれば，その労
働協約は帰属先を失って終了する。以上のいずれにも当たらなければ，A組
合の協約として存続する。

（2）労働協約終了後の労使関係

　労働協約が終了した場合，本来協約の効力は失われるはずである。しかし，
この場合に新たな協約が締結されないと，規範的効力の及んでいた部分につ
いての労働条件が白紙になってしまう。そこで一定の場合には，規範的効力の及
んでいた部分につき，協約終了後も効力の存続が認められることがある。これ
を労働協約の**余後効**という。

団体的労働関係

∞∞∞ **ポイント整理** ∞∞∞

1　労働協約は，労働組合と使用者またはその団体との間で書面で作成し，
両当事者の署名または記名押印が必要である。

2　労働協約は，3年以下の有効期間を定めることができ，3年を超えて
定めた場合には3年と定めたことにされる。期間の定めがなければ，予
告のうえで解約できる。

3　労働協約の有効期間中，協約当事者が労働協約の既定事項の改廃を目
的とした争議行為を行わない義務を，相対的平和義務という。

4　労働協約の効力拡張として，事業場単位の一般的拘束力（労組法17条）
と地域的の一般的拘束力（同18条）がある。

Exercise

問題①　労働協約に関する次の記述のうち，妥当なものはどれか。

1 労使間の団体交渉によって合意した事項を文書化し，労使双方の代表者が署名または記名押印することで，労働協約は有効に成立する。

2 労働協約の内容よりも個々の労働者の労働契約の内容のほうが労働者にとって有利である場合には，常に労働契約が優先して適用される。

3 一つの工場事業場に常時使用される同種の労働者の2分の1以上の数の労働者が，一つの労働契約の適用を受けるに至ったときには，当該工場事業場に使用される他の同種の労働者に関しても当該労働協約が適用されることを，労働協約の事業場単位の一般的拘束力という。

4 労働協約は労働組合と使用者の契約だから，ある組合を唯一の交渉相手と規定する条項も有効である。

5 労働協約中，所定の有効期間の経過後も新協約が成立するまでの間はなお効力を有する旨の定めがある場合において，所定の有効期間の経過後，新協約の成立するまでの間に，これを解約しようとするときは労使の合意が必要である。

••

解説

1 妥当な記述である。労働組合法14条の文言のとおりである。

2 誤。労働協約については，原則として有利性の原則は認められず，労働契約の内容よりも不利であっても，それが特に不合理なものでない限り，労働協約が優先的に適用される。

3 誤。事業場単位の一般的拘束力（労組法17条）は，同種の労働者の2分の1以上の数の労働者ではなく，同種の労働者の4分の3以上の数の労働者が一つの労働協約の適用を受けるに至ったときに適用される。

4 誤。ある組合を唯一の交渉相手と規定する，いわゆる唯一交渉団体条項は，他の組合の団体交渉権（憲法28条）を奪うので，その効力は認められない。

5 誤。本肢前段の自動延長条項も有効であるが，期間満了後は期間の定めのない労働協約となるから，当事者の一方が予告すれば解約できる（労組法15条3項）。

解答　**1**

問題② 労働協約に関する次の記述のうち，妥当なものはどれか。

1 労働協約が有効に成立すると，協約当事者には有効期間中その労働協約の条項にない事項について争議行為を行わない平和義務が生じるから，協約の有効期間中は労働組合は，一切の争議行為をすることはできない。

2 労働協約に定めた事項については，協約の有効期間中，当該事項の改廃を目的として争議行為に訴えることは原則として許されないが，労働組合がその改廃を目的として使用者に団体交渉を求めることはできる。

3 労働協約の有効期間は，最長期の制限はなく，労使双方の合意で何年にしてもよい。

4 一つの工場事業場に常時使用される同種の労働者の4分の3以上の数の労働者が一つの労働協約の適用を受けるに至ったときは，当該工場事業場に使用される他の同種の労働者に関しても，当該労働協約が適用されることを，労働協約の地域的の一般的拘束力という。

5 一つの地域において従業する同種の労働者の大部分が，一つの労働協約の適用を受けるに至ったときには，その地域において従業する他の同種の労働者にも，労働協約が拡張適用される。

解説

1 誤。私法上の原則どおり，協約当事者は協約規定を遵守し履行する義務を負うから，それに伴って協約の有効期間中は，労働組合は原則として協約の既定事項の改廃を目的とした争議行為をすることはできない。しかし，既定事項以外の事項については，当然には平和義務は生じないので，これについて争議行為を行うことはできる。

2 妥当な記述である。労働協約に定めた事項（既定事項）については当然に平和義務（相対的平和義務）が生じ，有効期間中は原則として争議行為が認められない。しかし，その内容に不都合が生じた場合に，その改廃を目的として団体交渉を求めることは当事者の自由である。もっとも，使用者には原則として団交応諾義務は生じない。

3 誤。労働協約は，3年以下の有効期間を定めることができ，3年を超えて定めた場合には3年と定めたことにされる（労組法15条1項，2項）。

4 誤。本肢は，労働協約は締結労働組合の組合員に対してのみ効力を生じる原則（契約の相対的効力）の例外のうち，事業場単位の一般的拘束力（同17条）に

関する記述である。地域的の一般的拘束力とは，一定地域において支配的意義を有する労働協約の労働条件を，その地域の同種の労働者のために公正労働基準とみなして，労働条件の切り下げ競争を排除する規定をいう（同18条）。

5 誤。地域的の一般的拘束力は，当然に適用されるものではなく，労使協定の当事者双方または一方が労働委員会に申し立てて，その決議を経ることが必要とされている（同18条）。

解答　**2**

争議行為

争議行為は，労働者の団体がその要求を貫徹するために非常手段として行う圧力行動です。その正当性が認められれば,憲法 28 条の「団体行動をする権利」によって特別の法的保護を受けることになります。

1．争議行為とは

（1）争議権の保障と争議行為

① 争議行為の意義

　労働組合法は争議行為について定義を設けていないが，一般には，労働関係の当事者が行う，**業務の正常な運営を阻害する行為**を指すとされる[5]。その中心は，労働者が行う集団的な労務提供の停止（ストライキ）である。その他にも，歴史的な過程の中でさまざまな争議の方法があみ出されてきた。その主な態様には次のようなものがある。

〈表 5　争議行為の種類〉

ストライキ（スト,同盟罷業）	労働者が集団的に労務の提供を停止すること。
怠業（スローダウン）	労務の不完全な給付であって，使用者の指揮下に入りつつ，作業上の準則や命令を平常どおり遵守しないもの。
ピケッティング	スト等を効果的にするため，スト破りを見張り，他の労働者の就労を妨害する等の行為。
生産管理	使用者の指揮命令を排除して生産手段を管理処分すること。一般に正当性が認められず,**違法**とされる。
ロックアウト	**使用者**が労働者の労務の提供の受領を拒否すること。使用者に認められる唯一の争議行為である。

② 争議権の保障

　憲法 28 条は労働者の団体行動権を保障しており，その一環として，労働者

5）これに対して，ストライキを中心に，これを維持強化する行為に争議行為を限定する見解もある。

が労働条件の維持向上を目的として争議行為に訴える権利（争議権）が保障される。具体的には，**正当な争議行為**に対しては次のような法的保護が与えられる。

1）刑事免責

　形式上，強要罪や威力業務妨害罪等の犯罪構成要件に該当しても，正当な争議行為を犯罪として処罰することはできない（労組法1条2項）。

2）民事免責

　労働者の業務阻害行為は，民法上の債務不履行（民法415条）または不法行為（同709条）に該当するが，その場合でも労働者は損害賠償の責任を負わない（労組法8条）。

3）不利益取扱いの禁止

　使用者は，正当な争議行為を理由として労働者に対して解雇その他の不利益な取扱いをすることは許されない（同7条1号）。

（2）争議行為と組合活動

　争議行為に対して，労働組合が行う学習会や宣伝活動等の争議行為以外の団体的活動を組合活動という。これもまた，労働者の団体行動権の行使として**正当な組合活動**には争議行為と同様の法的保護が与えられる。

① 組合活動の内容

　組合活動の内容は多様であり，日常的な学習会等平和的に行われるものもあれば，企業批判のビラ配布や就労時の腕章・リボン等の集団的着用等の争議行為に近いものもある。そこで，争議行為との区別はときに微妙となるが，基本的には，争議行為は使用者の業務の阻害を意図して行われるのに対して，組合活動は，業務の阻害を意図せず，労務提供義務に反しない範囲で行われる行為であるといえる。

② 組合活動の正当性

　組合活動の正当性の有無の判断は，主としてその態様について問題とされる。判例は，労働者の**職務専念義務**等を強調して，組合活動の正当性を狭く解する傾向にある。具体的には次のようなケースがある。

1）就労時の集団的リボン着用（**リボン闘争**）

　　ホテルの従業員が使用者の命令を無視して「要求貫徹」と記されたリボンを着用して5日間就労したケースについて，職務専念義務に反するとして正当性を否定した（大成観光事件，最判昭 57.4.13）。

2）企業施設への無断のビラ貼り

　　使用者の施設の無断利用は，その利用を許さないことが使用者の施設管理権の濫用となるような特段の事情のない限り，正当性を有しないとする（国鉄札幌運転区事件，最判昭 54.10.30）。

2. 争議行為の正当性の判断基準

（1）主体における正当性

　団体交渉の主体たりうる者（適格組合，非適格組合，憲法組合，争議団）であることが必要である。**山猫スト**（組合員の一部集団が組合の承認を得ずに独自に行うストライキ）には正当性は認められない。

（2）目的における正当性

　団体交渉目的事項のための争議行為であること，すなわち，労働条件の維持改善，労働者の地位の向上を目的とする争議行為であることが必要となる（憲法 28 条）。使用者が管理処分権を有しない事項についてのストライキは，正当な争議行為とはならない。

　例えば，政治的主張の示威・貫徹をもってなされる**政治スト**（三菱重工業長崎造船所事件，最判平 4.9.25），すでに争議中の他企業の労働者を支援する目的でなされる**同情スト**（杵島炭鉱事件，東京地判昭 50.10.21）などが正当な争議行為にならないとした判例がある。

（3）開始時期・手続きにおける正当性

①　原則として，団体交渉を経ていること（団体交渉の具体的折衝を進展させるための争議であること）。

②　原則として，予告を経ていること。予告を経ないで行われる抜打ちストの

正当性は，個別・具体的に判断される。

③　平和義務違反は正当性の評価に影響をもたらす。しかし，正当性は個別・具体的に判断される。

（4）手段・態様における正当性

①　消極的な態様の場合

労務の停止（ストライキ）または不完全な提供（サボタージュ）等であり，消極的な態様である限り，正当性は是認される。サボタージュについては，作業能率の低下等にとどまらず，積極的に（故意に）機械や製品の毀損（損傷）をもたらすような行為には正当性は認められない。

②　人の生命・身体に危害を及ぼす場合

暴力の行使は許されない（労組法1条2項但書参照）。

また，業務の性質上労務の停廃が関係者の生命・身体の危険を生じさせる職場においては，危険防止の配慮が必要となる。判例は，精神病院の薬剤師・看護婦がストライキを行ったケースについて，患者の治療に支障を来したというだけで直ちに正当性が失われるわけではないが，**危険防止の配慮または危険発生の場合の善後措置を怠る場合**には，正当性が失われる，とする（新潟精神病院事件，最判昭 39.8.4）。

なお，**工場事業場における安全保持の施設の正常な維持または運行を停廃したり，これを妨げたりする行為**は，労働関係調整法によって禁止されている（労調法 36 条）。

③　生産管理・職場占拠

争議行為といえども，使用者の企業施設所有権ないし管理権を排除できるわけではない。したがって，組合が使用者を排除して操業を自己の管理下に置く**生産管理は違法である**（山田鋼業所事件，最大判昭 25.11.15）。

また，職場占拠は使用者の管理権を完全に排除しない範囲でのみ正当性が認められる。

④　ピケッティング

ピケッティングとは，ストライキの実効性を確保するために行われる，スト破りの防止や他の労働者へのスト参加の呼びかけ等の行為をいう。これは性質

上労働者同士の衝突が生じやすいが，判例は，基本的には平和的説得の範囲で
のみ正当性が認められるとし（朝日新聞社小倉支店事件，最大判昭 27.10.22），
タクシー会社の労働組合が車庫前で座り込みをしてスト破りを阻止したケース
は，平和的説得の範囲を超えるとして，正当性を否定した（御国ハイヤー事
件，最判平 4.10.2）。

3．使用者の争議行為（ロックアウト）

団体的労働関係

（1）ロックアウトの意義

　ロックアウトとは，使用者が労務の受領を集団的に拒絶したり，作業場から
労働者を集団的に締め出したりすることをいう。

（2）ロックアウトの是否

　労働者側の争議行為によって，労使間の勢力の均衡が破れ，使用者が著しく
不利な圧力を受けるような場合には，衡平の原則に照らし対抗手段として相当
なものと認められる場合のロックアウトは，正当な争議行為として是認される
（丸島水門事件，最判昭 50.4.25）。このようなロックアウトを防御的ロックア
ウトと呼ぶ。これに対して，使用者が労働組合の機先を制して行うロックアウ
トを先制的ロックアウトと呼び，このようなロックアウトは許されない。

（3）ロックアウトの効果

　ロックアウトによって，賃金支払義務を免れる効果を生じる。労働者を作業
所から締め出すという効果（妨害排除的効力）については，争いがある。

4．正当性なき争議行為と責任の帰属

　正当性を有しない争議行為を行った場合，刑事免責・民事免責はないから，
刑事上の責任［公務執行妨害罪（刑法 95 条）・住居侵入罪（同 130 条）・強要
罪（同 223 条）・威力業務妨害罪（同 234 条）］，民事上の責任［債務不履行責
任（民法 415 条）・不法行為責任（同 709 条）］が成立しうる。この民事上の責

任は組合のみならず，組合員も負うと解されている。

　正当性のない争議行為がなされた場合，使用者は責任追及として**懲戒処分**をすることもできる。この場合は，使用者は組合員幹部を懲戒処分に付すことが多いが，組合幹部といえども実際に違法争議行為の企画・指導等に携わっていなければ懲戒処分には問いえない。

5. 争議行為と賃金

（1）争議行為参加者の賃金

　憲法28条は争議権を保障しているものの，これは労務の不提供が債務不履行にならないことを規定したにすぎない。それゆえ，使用者は不就労の期間の賃金を給与からカットすることができ，労働者は当該賃金請求権を失う（ノーワーク・ノーペイの原則）。

　賃金カットの対象となる部分については契約の解釈問題として労働協約・労働慣行の趣旨に照らして個別的に判断される（三菱重工業事件，最判昭56.9.18）。したがって，家族手当・住宅手当でも賃金カットの対象となりうる。

（2）争議行為不参加者の賃金・休業手当

　争議行為に参加しなかった労働者も，争議行為の結果，就労が不可能となる場合が多い。この場合，労働者は賃金および休業手当を請求できるだろうか。

① 賃　金

　判例は，民法の危険負担の問題として捉え，次のように処理する。

　1）使用者の帰責事由による場合

　　客観的には就労が可能なのに，使用者が**労務の受領を拒んだ**場合である。この場合，民法536条2項の「債権者の責めに帰すべき事由」による労務提供の履行不能として，労働者は賃金請求権を失わない[6]。

　2）使用者の帰責事由がない場合

　　ストにより**仕事が客観的に存在しなくなった**場合や，組合のピケッティ

---

[6] 民法536条2項により労働者が使用者に対する賃金請求権を失わない場合，休業手当請求権と賃金請求権とは競合することがあり，両者が競合したときには，労働者は賃金額の範囲内でいずれの請求権を行使することもできる（ノースウエスト航空事件，最判昭62.7.17）。

ング等により就労が不可能であった場合である。この場合，ストが使用者の不正な行為によって惹起されたのでない限り，民法 536 条 1 項の債務者主義の原則により，労働者は賃金請求権を失う（ノースウエスト航空事件，最判昭 62.7.17）。

② **休業手当**

使用者に民法上の帰責事由がなく賃金請求権が失われる場合でも，休業手当（労基法 26 条）については別個の考慮が必要である。労働基準法 26 条の帰責事由は，民法 536 条 2 項の帰責事由よりも広く，使用者側に起因する経営，管理上の障害を含むからである（前掲ノースウエスト航空事件）。この点については，ストを起こした組合中のスト不参加者（**部分スト**の場合）と，ストを起こした組合の組合員でない者（**一部スト**の場合）とに分けたうえ，次のように考えられている。

> 部分スト→**自己の所属する組合の行為**による就労不能なので，使用者には労働基準法 26 条の帰責事由もなく，**休業手当の請求は認められない**（前掲ノースウエスト航空事件）。
>
> 一部スト→最高裁判例はないが，**自己の所属しない組合の行為**による就労不能なので，ストによる就労不能自体に労働基準法 26 条の帰責事由を認め，**休業手当請求を肯定する**のが学説の多数であり，下級審の肯定例もある。

団体的労働関係

1 労働組合法は正当な争議行為に，刑事免責・民事免責・不利益取扱いからの保護を与えている。

2 組合活動の正当性は原則として使用者の業務を阻害しない範囲で認められ，ホテルの従業員のリボン闘争や企業施設への無断ビラ貼りなどには正当性は認められないとするのが判例である。

3 争議行為によって人の生命・身体の危険が発生するおそれのある場合には，危険の予防や善後措置を怠れば正当性が否定されることもある。

4 ピケッティングは平和的説得の範囲で正当性が認められ，タクシー会社の従業員が車庫前の座り込みによって操業を阻止することは認められない。

5 ロックアウトは，労働者側の争議行為に対する対抗手段として相当なものと認められる場合は，正当な争議行為として是認され，使用者は賃金支払義務を免れる。

6 ストライキによって客観的に仕事が存在しなくなった場合には，スト不参加者も賃金請求権を失うが，ストを起こした組合中の不参加者（部分スト）は休業手当を請求することもできない。

Exercise

問題①　争議行為の正当性に関する次の記述のうち，妥当なものはどれか。

1 争議行為を行う権利は憲法 28 条により労働者に保障されたものだから，使用者はこれを行うことは一切できない。

2 正当な争議行為に伴う労働者の行為を刑事処罰の対象とすることはできないが，争議行為中，労働者が会社の管理職を殴ってしまった場合はもはや正当性は認められず，暴行罪等に問われる。

3 労働組合の組合員が勤務時間内に行うリボン闘争は，組合活動として正当な行為とするのが判例である。

4 病院の労働者が争議行為を行うことによって患者の生命・身体に危険を及ぼすことがあっても，争議行為の正当性が失われることはない。

5 組合員が事業場の管理者を排除して職場を占拠することも，争議行為の一つとして正当な行為とされる。

・・

解説

1 誤。使用者に認められる唯一の争議行為としてはロックアウト（使用者が労働者の労務の提供の受領を集団的に拒否したり，事業場から集団的に締め出したりすること）があり，労働者側の争議行為に対する対抗手段として相当なものと認められる場合は，正当な争議行為として是認される（丸島水門事件，最判昭 50.4.25）。

2 妥当な記述である。争議行為といえども，暴力の行使は許されない（労組法1条2項但書）。したがって，争議中に労働者が相手を殴ってしまったような場合には原則として正当性は認められず，刑事処罰の対象となる。

3 誤。判例は，現実に行われたリボン闘争の事例について，業務阻害性を認め，組合活動としての正当性を否定し，懲戒処分を認めている（大成観光事件，最判昭 57.4.13）。もっとも，リボン闘争一般について正当性を否定したわけではないので，態様によっては正当性が認められる可能性もある。

4 誤。争議行為によって患者の生命・身体に危険が及んだからといって直ちに争議行為の正当性が失われるわけではないが，組合が危険防止の配慮または危険発生の善後措置を怠る場合には，正当性が失われるとするのが判例である（新潟精神病院事件，最判昭 39.8.4）。したがって，正当性が失われることがないわけではない。

5 誤。争議行為も使用者の財産権との調和が必要であり，使用者の財産を労働組合側の排他的支配下に置くことは正当な争議行為とはいえない。

解答　**2**

問題②　争議行為の正当性に関する次の記述のうち，妥当なものはどれか。

1 争議行為を行う権利は憲法により保障されているので，争議行為が正当であると認められる限り，刑事上の違法性を否定され刑罰を科されることはないし，労働組合およびその組合員が使用者に与えた損害について民事上の賠償責任を負うこともない。しかし，争議行為の正当性は労使関係自体には影響しないので，使用者は争議行為の正当性の有無にかかわらず，争議行為に加わった組合員に対し，解雇，懲戒等の不利益処分を行うことができる。

2 争議権はもともと，団体交渉の主体となりうる者に対して保障されるべきであると解されており，この趣旨から，労働組合法の定める基準に適合する労働組合のみならず，同法の基準を完全には充たさない組合や，争議を行うために未組織労働者が集まった争議団の行う争議行為，また，組合員の一部が組合所定の機関の承認を得ずに独自に行う，いわゆる山猫ストについても当然に正当性が認められる。

3 争議については，団体交渉を機能させるための権利であると狭く解する立場と，およそ労働者の社会的・経済的地位の向上のための権利であると広く解する立場があるが，どちらの考え方によっても，国を相手として政治的主張を示威するために行う政治ストは，それが労働条件や社会保障など労働者の経済的利益に直接関係のある政策に関するものであっても，争議行為としての正当性は認められないことになる。

4 争議行為の手段としては，労務の提供を完全に停止するストライキのほか，不完全な労務を提供する怠業として，例えば作業の速度を落とすなど意図的に能率を低下させることや故意に多数の不良品を製作したりすることは正当な争議行為と認められるが，製作に使用する機械そのものを破壊する行為は，使用者の所有権の積極的な侵害となり，争議行為の正当性は否定される。

5 争議行為の正当性は時期や手続きについても要求され，争議行為を開始するには，使用者が労働者の具体的要求についての団体交渉を拒否したか，団体交渉においてそのような要求に拒否回答をしたことが必要である。したがっ

て，労働組合が使用者に対して賃上げ要求を掲げて団体交渉を申し入れた後，使用者に回答の暇を与えないような仕方で争議行為を開始する場合には正当性は認められない。

・・

解説

1 誤。争議行為の正当性は労使関係自体に影響し，使用者は争議行為の正当性があれば，争議行為に加わった組合員に対し，解雇，懲戒等の不利益処分を行うことができない（労組法7条1号）。

2 誤。争議権を行使するには，団体交渉の主体となりうる者（適格組合，非適格組合，憲法組合，争議団）であることが必要である。山猫スト（組合員の一部集団が組合の承認を得ずに独自に行うストライキ）には，正当性は認められない。

3 誤。およそ労働者の社会的・経済的地位の向上のための権利であると広く解する立場においては，国を相手として政治的主張を示威するために行う政治ストが，労働条件や社会保障など労働者の経済的利益に直接関係のある政策に関するものであれば（経済的政治スト），争議行為としての正当性は認められることになる。

4 誤。争議行為は，原則として消極的な態様のものである必要がある。したがって，怠業については意図的に能率を低下させることは認められるが，機械を破壊する行為はもとより，「故意に多数の不良品を製作」する行為にも，正当性は認められない。

5 妥当な記述である。争議行為には，原則として団交を経たうえ，争議の予告ないし通告をすることが要求される。それまでの労使の関係によっては例外も認められるが，このような手続きを経ていない場合には，正当性が否定される可能性が高い。本肢のようなケースで正当性を否定した下級審判例（浦和地判昭35.3.30）がある。

解答　5

問題③　ある企業において労働組合のストライキによって労働者の就労がなされなかった場合に関する次の記述のうち,妥当なものはどれか。

1 スト参加者はスト中の賃金請求権を有しないが,賃金カットの対象となるのはあくまで労務提供に対応する部分であるから,家族手当をカットすることは許されない。

2 スト不参加者はスト中の賃金請求権を失わないが,賃金請求を認めるのが不合理であるような特段の事情のある場合には,信義則上賃金請求が否定されることもある。

3 ストにより仕事が客観的に存在しなくなったような場合でも,ストが使用者の不正な行為によって招来されたような場合には,スト不参加者の賃金請求権は失われない。

4 いわゆる部分ストにおけるスト不参加者の就労が可能であったのに使用者が労務の受領を拒んだ場合でも,自己の所属する組合の判断によるストである以上,当該スト不参加者も賃金請求権を有しない。

5 いわゆる一部ストにおけるスト不参加者は,ストの発生自体に使用者の帰責事由があるといえるから,就労が客観的に可能であったと否とを問わず,賃金請求権を失わない。

• •

解説

1 誤。スト参加者がスト中の賃金請求権を有しないとの記述は正しい。しかし,この場合にいかなる部分が賃金カットの対象となるかは労働協約・労働慣行の趣旨に照らして個別的に判断される(三菱重工業事件,最判昭 56.9.18)。したがって,家族手当も賃金カットの対象となりうる。

2 誤。スト不参加者の賃金請求権の存否については,民法の危険負担の問題として処理される。したがって,スト不参加者も現に就労しなかった以上,原則として賃金請求権を有せず(民法 536 条 1 項),労務の受領を拒絶したなど使用者に民法上の帰責事由のある場合に限り,賃金請求をなしうる(同条 2 項)。

3 妥当な記述である。ストにより客観的に仕事が存在しなくなったような場合には,原則としてスト不参加者も賃金請求権を失うが,ストが使用者の不当労働行為等の不正な行為によって惹起された場合には,なお使用者に民法上の帰責事由が認められ,スト不参加者の賃金請求権は否定されない(ノースウエスト航空事件,最判昭 62.7.17)。

4 誤。部分ストと一部ストとを問わず，就労が可能であったのに使用者が労務の提供を拒んだような場合には，就労不能について使用者に民法上の帰責事由が認められるから，スト不参加者は賃金請求権を失わない。

5 誤。一部ストの場合でも，現に就労しなかった以上，原則として賃金請求権を有せず（民法536条1項），それが認められるには使用者に民法上の帰責事由の存在が必要である（同条2項）。

解答 **3**

5 不当労働行為

不当労働行為は，労働基準法も含めた労働法の中で最も頻繁に出題される分野です。この不当労働行為というのは使用者が労働組合に対して加える妨害行為であることを押さえたうえで，労働組合法7条の要件をしっかり理解してください。

1．不当労働行為

不当労働行為とは，労働者の団結権（憲法28条）の実効性を確保するために労働組合法で列挙された使用者に禁止されている一定の行為である（労組法7条）。換言すれば，労働組合・組合員に対する使用者のアンフェアな行為である。

不当労働行為には後述のように，①不利益取扱い（同条1号），②黄犬契約^{おうけん}（同条1号），③団体交渉の拒否（同条2号），④支配介入（同条3号），⑤経費援助（同条3号），⑥報復的不利益取扱い（同条4号）がある。

わが国の不当労働行為の特色は，不当労働行為は使用者にとって禁止されている行為であるから，労働者側の行為を不当労働行為として使用者が救済を求めることはできない点である。労働者側のみが救済を受ける。

2．不当労働行為の成立要件

不当労働行為が成立するためには，以下の三つの要件を充たすことが必要である。

① 不当労働行為における使用者の行為であること
② 不当労働行為の意思のあること（労組法7条1号・4号について）
③ 労働組合法7条のいずれかの不当労働行為の類型に当てはまること

3．使用者・不当労働行為の意思

（1）不当労働行為における使用者

　不当労働行為を禁止される「使用者」（労組法7条）は，労働契約上の使用者に限られない。賃金・労働時間・職場配置など労働者に直接影響力を及ぼしうると実質的に判断できるときは，不当労働行為における使用者に含まれる。このような者であれば，実質的に労働者ないし労働組合の利益を侵害しうるからである。具体的には，次のような者が問題となる。

①　近い過去または将来における労働契約上の使用者

　1）被解雇者の場合

　　解雇後長期間経過した場合には使用者性が失われることもあるが，解雇後数年を経過しても，その間継続して解雇の無効を主張してきたような場合には，なお「使用者」といえる（日本鋼管鶴見造船所事件，最判昭61.7.15）。

　2）季節労働者の反復雇用の場合

　　従来反復的に雇用されてきた場合，将来の再雇用に関し，「使用者」といえる（中労委命令昭27.10.15）。

　3）会社の吸収合併の場合

　　合併前の吸収会社の行為について，被吸収会社の従業員に対する関係で「使用者」といえる場合もある。

②　直接の雇用関係のない場合

　1）親会社が子会社の労働関係に支配力を行使している場合
　　親会社も子会社の従業員に対して「使用者」といえる。

　2）企業が業務請負や労働者派遣を行っている場合
　　受入企業や派遣先企業も派遣労働者等に対して「使用者」といえる（朝日放送事件，最判平7.2.28参照）。

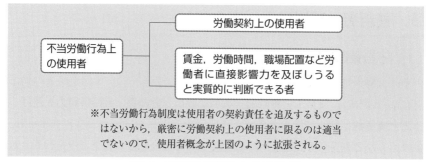

〈図4　不当労働行為上の使用者〉

（2）不当労働行為の意思

　不当労働行為の類型のうち，1号の不利益取扱いおよび4号の報復的不利益取扱いについては，条文上，正当な組合活動等の「故をもって」（労組法7条1号），労働委員会への申立て等の行為を「理由として」（同条4号）とあることから，使用者に反組合的意図ないし動機（**不当労働行為の意思**）が存在することが必要であると解されている。これは使用者の内心の問題であるから，現実には直接判断することは困難であり，外部に表れた行動等から総合的に判断される。

①　第三者の強要により不利益取扱いがなされた場合

　組合活動を嫌う取引先等の圧力によって，組合員の解雇等の不利益取扱いがなされたような場合であっても，取引先の意図は，**それを使用者が受け容れることによって，使用者の意思内容をも形成した**と見ることができるから，不当労働行為の意思は否定されない（山恵木材事件，最判昭46.6.15）。

②　理由の競合

　ある組合員を解雇する場合，使用者の反組合的動機と正当な解雇理由とが併存する場合もある（理由の競合）。この場合，反組合的動機が決定的なものであれば，不当労働行為の意思が認められる。

4. 不当労働行為の類型

(1) 不利益取扱い

① 意 義

労働者が，1）労働組合の組合員であること，2）労働組合に加入もしくは労働組合を結成しようとしたこと，3）労働組合の正当な行為をしようとしたこと，のいずれかを動機として当該労働者を不利益に取り扱うことをいう（労組法7条1号）。

② 労働組合の正当な行為

「労働組合の正当な行為」といえるためには，組合員の行う活動が，**労働条件の維持改善その他経済的地位の向上を目指して行うもので，かつ，所属組合の自主的・民主的運営を志向する意思表明行為と評価しうることが必要であり，それで足りる**（千代田化工建設事件，最判平 8.1.26）。したがって，

1）組合役員の地方議会への立候補のための休暇申請を使用者が拒否したことに対する抗議ビラの配布は，政治的目的の行為であって，労働組合の正当な行為とは認められない（最判昭 37.5.24）。

2）しかし，組合機関による正式な意思決定や授権に基づかない行為や，政党員としての行動の性格をも有する行為でも，労働組合の正当な行為として認められる場合もある（上記千代田化工建設事件）。

③ 不利益な取扱い

解雇・懲戒処分等はもとより，**不採用，出向・配転，昇給における差別的取扱い**等も不利益取扱いに含まれる。

(2) 黄犬契約

使用者が労働者の雇用に当たって，労働組合に加入しないこと，または，労働組合から脱退することを条件とする労働契約を締結することをいう（労組法7条1号）。このような契約は労働組合に不利益を与えるものとして不当労働行為となるとともに，私法上も無効とされる。

（3）団体交渉拒否（団交拒否）

　使用者が，義務的団交事項について正当な理由なく団体交渉を拒むこと，または，団体交渉に際して誠実な態度をとらないこと（誠実交渉義務違反）をいう（労組法7条2号）。

① 　団体交渉による紛争解決は，裁判による救済とは別個のものであるから，たとえすでに裁判所により解雇を有効とする判決がなされていても，そのことのみを理由として団体交渉を拒否しうるものではない（日本鋼管鶴見造船所事件，最判昭 61.7.15）。

② 　誠実交渉義務といっても，組合に譲歩することまで要求されるわけではない。したがって，組合との間で主張が対立し，**交渉が進展する見込みのない場合**には，団体交渉を拒否する正当な理由があるといえる（池田電器事件，最判平 4.2.14）。

（4）支配介入

① 意　義

　労働組合の結成または運営に対して使用者が支配力を行使すること（支配），またはこれに干渉すること（介入）をいう（労組法7条3号）。使用者が組合に対し不当な影響力を行使し，組合の自主性（同2条）を損なったり，組合を弱体化する行為を禁じるものである。

② 支配介入の意思

　使用者に不当な影響力を行使する意図または動機（**支配介入の意思**）が必要かについては争いがあるが，判例は必ずしもこれを要求しない（山岡内燃機事件，最判昭 29.5.28）。ただ，その態様によっては使用者の意図等に着目する必要のある場合もありうる。

③ 支配介入の態様

　不当な影響力の行使といいうるものは多種多様であり，現実にはさまざまな支配介入の形態がある。具体的には，組合役員の選挙への干渉，対抗勢力の助成，施設利用やチェックオフの一方的廃止，組合離脱の勧誘，組合幹部の配転等が挙げられる。これらの行為が不当労働行為を形成するか否かは，使用者の

組合に対する態度，行為の相当性，権利行使としての正当性，等から総合的に判断される。判例上，次のようなケースが問題とされている。

1）使用者の反組合的言論

　　意見の表明は，言論の自由（憲法21条）により保障される正当な権利であるから，これを尊重する必要がある。そこで，発言の内容・なされた状況・発言の影響・使用者の意図等を総合的に判断して，不当なものに限り不当労働行為の成立を認めるべきである。

〈表6　使用者の反組合的言論に関する判例〉

事　例	事件名	結論
社長が従業員および父兄の集会において，組合から脱退しなければ人員整理もありうると発言	山岡内燃機事件（最判昭29.5.28）	該当
社長がストライキに対する会社の「重大な決意」を表明する声明文を発表した結果，ストライキが中断された	プリマハム事件（最判昭57.9.10）	該当
郵便局長が自宅で職員と歓談中，組合の方針を批判し別組合への加入を勧めた	新宿郵便局事件（最判昭58.12.20）	該当せず

2）企業施設利用の一方的禁止・停止

　　企業は施設管理権を有することから，その利用を許さないことが**施設管理権の濫用となる特段の事情**のない限り，不当労働行為とならない（前掲新宿郵便局事件）。

3）チェックオフの一方的中止

　　長年チェックオフを行ってきた場合でも，組合員の脱退が続出して過半数組合であるかが疑わしいような場合には，不当労働行為とならないこともある（済生会中央病院事件，最判平元.12.11）。

（5）経費援助

　労働組合の運営のための経費の支払いにつき経理上の援助を与えることをいう（労組法7条3号）。組合の自主性を損なう行為を禁じたもので，支配介入の一場合といえる。具体的には，組合費の補助や専従員の給与負担等がこれに該当する。

　ただし，自主性の要件（同2条2号但書）の場合と同様，①労働者が労働時間中に時間または賃金を失うことなく使用者と協議・交渉すること，②厚生資金または経済上の不幸もしくは災厄の防止・救済のための支出に実際に用いられる福利その他の基金に対する寄附，③最小限の広さの事務所の供与，または，これらに準じる便宜供与，については不当労働行為に該当しない（同7条3号但書参照）。

（6）報復的不利益取扱い

　労働者が，①労働委員会に対し不当労働行為の申立てをしたこと，②中央労働委員会に対し再審査の申立てをしたこと，③労働委員会の不当労働行為の調査等に関して証拠の提示・発言をしたこと，を理由として労働者を不利益に取り扱うことをいう（労組法7条4号）。不利益取扱いの一場合といえる。

（7）複数の類型に該当する場合

①　会社の解散

　不当労働行為は企業の存在を前提とするから，会社の解散は，たとえ組合潰しの目的でなされたものであっても，真正の解散である限り不当労働行為とならない。しかし，別会社によって実質的に同一の事業が継承されるような，偽装解散については，不利益取扱いまたは支配介入として，不当労働行為となりうる（東京高決昭37.12.4）。

②　同一企業内に複数組合が併存する場合

　この場合，使用者は，団体交渉に限らずすべての場面で各組合に対し，中立的態度を維持し，団結権を平等に承認，尊重する義務（中立保持義務）を負う（日産自動車事件，最判昭60.4.23）。したがって，これに反する次のような使用者の行為は，支配介入または不利益取扱いとして，不当労働行為となる。

1）団体交渉における前提条件への固執

　　年末一時金交渉において，複数組合に同一の条件を提示した場合でも，それが**一方の組合を弱体化させる意図を有していたと評価されるような場合**には，不当労働行為となる（日本メール・オーダー事件，最判昭59.5.29）。

2）残業組入れの拒否

　　組合の一つが会社の主張する計画残業に反対している場合に，当該組合の組合員の残業を一切拒否することは，**その動機が当該組合の動揺・弱体化を図ることにあるような場合**には，不当労働行為となる（前掲日産自動車事件）。

3）便宜供与における差別

　　会社が複数組合の一方には事務所等を貸与しながら，他方にはこれを拒否する場合，そのような措置をとる**合理的理由が存しない限り**，**支配介入**となる（日産自動車事件，最判昭62.5.8）。

4）査定・昇給差別

　　複数組合のうち，一方の組合の組合員の人事考課（査定）が，他方の組合の組合員に比べて**全体として著しく低位**にあるような場合には，一方の組合の弱体化を図ったものとして不当労働行為となる（紅屋商事事件，最判昭61.1.24）。

5．不当労働行為に対する救済

（1）労働委員会による救済

① 救済申立てと審査手続き

　不当労働行為の対象となった労働者個人または労働組合は，労働委員会に対し救済の申立てをなしうる（労組法27条）。ただし労働組合が救済命令を受けるためには，資格審査（同5条）を経ていることが必要である。申立てを受けた労働委員会は遅滞なく調査を行い，必要があれば申立ての理由の存否を判断するため審問を行い，当事者に対する証拠提示の要求や証人尋問の手続きをとる（同27条1項）。

② **救済命令**

申立ての理由があると判断する場合，労働委員会は救済命令を発する（労組法27条の12）。この場合，私法上の権利体系にとらわれず，事案に応じた柔軟な解決方法を命じることが可能である。具体的には，次のようなものがある。

1）解雇無効の場合→**原職復帰命令およびバックペイ**（解雇期間中の賃金相当額の支払い）**命令**

バックペイに際しては，裁判による賃金支払請求の場合と同様，中間収入を控除するのが原則であるが，侵害の態様によっては**控除を行わないとする余地もある**（第二鳩タクシー事件，最大判昭 52.2.23）。

2）団交拒否の場合→**団交応諾命令，誠実交渉命令**等

3）支配介入の場合→**支配介入の禁止命令，ポスト・ノーティス**（不当労働行為に対する謝罪等の文書の掲示）**命令**

ポスト・ノーティス命令は，同種行為を繰り返さないことの約束を主旨とするものであって，使用者に反省等の意思表明を強要するものではないので，その思想・良心の自由（憲法 19 条）を侵害するものではない（亮正会事件，最判平 2.3.6 等）。

（2）裁判所による救済

不当労働行為の対象となった労働者個人または労働者の団体（適格組合に限らない）は，解雇無効の確認・解雇期間中の賃金支払い・不法行為による損害賠償等を求めて訴えを提起することができる。

◯◯◯◯ ポイント整理 ◯◯◯◯◯◯◯◯◯◯◯◯◯◯◯◯◯◯◯◯◯◯◯◯◯◯◯◯◯

1　不当労働行為制度は，労働委員会が，裁判による救済とは別個に，団体交渉の円滑化，労使関係の公正化のために，簡易・迅速な助力を行うことを目的とする。

2　不当労働行為における「使用者」とは，現在において労働者と直接雇用関係のある者に限らず，賃金・労働時間等に関し労働者に直接影響力を及ぼしうると実質的に判断できる者をいう。

3　不利益取扱いの成立には，使用者に不当労働行為の意思が存することが必要であるが，反組合的意図を有する第三者の圧力によって解雇等がなされた場合でも，使用者が第三者の要求を容れることにより使用者の意思内容ともなるから，不当労働行為の意思を認めうる。

4　労働組合の正当な行為とは，労働条件の維持改善その他経済的地位の向上を目的として行われる，組合の自主的・民主的運営を志向する労働者の意思表明行為である。

5　使用者の反組合的言論は，常に支配介入となるわけではないが，発言の内容・なされた状況・影響力・使用者の意図等を総合的に判断して，不当な影響力を行使するものは支配介入に当たる。

6　組合が企業施設を利用することを使用者が拒否したとしても，それが施設管理権の濫用となる特段の事情のない限り，不当労働行為とはならない。

7　同一企業内に複数組合が併存する場合には，使用者は中立保持義務を負い，一方の組合を不利に扱うことは，不当労働行為となる。

Exercise

問題①　不当労働行為に関する次の記述のうち，妥当なものはどれか。

1 使用者は，常に労働組合の代表者との団体交渉を拒むことができない。

2 使用者が地方労働委員会の命令につき中央労働委員会に再審査の申立てをしないときには，裁判所に取消訴訟を提起することができない。

3 経営者が労働組合事務所を無償で供与する場合にも，不当労働行為とならない場合もある。

4 労働委員会は，不当労働行為の存在を認めた場合には，使用者に刑罰を科すことができる。

5 現行法上，労働組合も不当労働行為の主体となりうる。

・・

解説

1 誤。正当な理由があれば，団体交渉を拒否することも可能である（労組法7条2号）。

2 誤。逆の記述である。すなわち，使用者は再審査の申立てをしないときに裁判所への取消訴訟を提起することができる（同27条の19）。

3 妥当な記述である。労働組合に対して最小限の広さの事務所を供与することは，不当労働行為とはならない（同7条3号但書）。

4 誤。刑罰を科すことはできない。刑罰の代わりに，救済命令を出すという準司法的救済手続きを採用している。

5 誤。労働組合法7条により，主体は使用者に限られている。

解答　3

問題②　不当労働行為に関する次の記述のうち，妥当なものはどれか。

1 一定の労働組合の組合員であることを雇用の条件とすることは，他の労働組合に対する支配介入となるので，当該労働組合の規模を問わず不当労働行為になる。

2 使用者が勤務時間中の団体交渉や組合事務所の無償貸与を認めることは，労働組合の自主性や独立性を侵害するので，原則として不当労働行為となる。

3 団体交渉の途中から正当な理由なく交渉を拒否することや，交渉に形のうえでは応じながら不誠実な態度をとることも，不当労働行為になる。

4 労働組合のあり方や活動に関する使用者の意見表明は，言論の自由に鑑みて支配介入とはみなされず，不当労働行為に当たることはない。

5 使用者が労働組合を消滅させるために会社をいったん解散し，その後も実質的には同一の事業を経営する場合も，解散が無効とはいえないので不当労働行為に当たらない。

団体的労働関係

解説

1 誤。「一定の労働組合の組合員であることを雇用の条件とすること」は，ユニオン・ショップ協定（ユ・シ協定）に該当する。同一企業内に複数の組合が存在する場合，一方の組合とユ・シ協定を締結することは，他の組合の労働者の団結権を侵害するおそれもある。しかし，ユ・シ協定それ自体は組合の団結権を強化するものである。そこで，労組組合法は，「労働組合が特定の工場事業場に雇用される労働者の過半数を代表する場合」には，ユ・シ協定の締結は不当労働行為とならないとした（労組法7条1号但書）。

2 誤。経理上の援助を与える場合であっても，わが国の企業別組合は経済的基盤が脆弱であることを考慮して，例外として，①労働者が労働時間中に時間または賃金を失うことなく使用者と協議し，または交渉することを使用者が許すこと，②厚生資金または経済上の不幸もしくは災厄を防止し，もしくは救済するための支出に実際用いられる福利その他の基金に対する使用者の寄附，③最小限の広さの事務所の供与，は許容されている（同条3号但書）。

3 妥当な記述である。団体交渉には形のうえでは応じながら不誠実な態度をとることは誠実交渉義務違反となるから，不当労働行為となる（同条2号）。

4 誤。労働組合のあり方や活動に関する使用者の意見表明も，威嚇・不利益の示唆・利益の誘導などを伴うものは支配介入とみなされ，不当労働行為に当たることもある（山岡内燃機事件，最判昭29.5.28）。

5 誤。使用者が労働組合を消滅させるために会社をいったん解散し，その後も実質的には同一の事業を経営する場合は偽装解散であって，不当労働行為に当たる。

解答　3

問題③　不当労働行為に関する次の記述のうち，妥当なものはどれか。

1 労働組合の組合員の活動を理由とする使用者の不利益な取扱いが不当労働行為となるには，当該活動が労働組合の正当な行為といえなければならないから，組合の決定に基づかないビラ配布を理由とする場合には，不当労働行為とならない。

2 使用者の反組合的言論が支配介入として不当労働行為となるためには，使用者に支配介入の意図が存することが必要であるから，使用者にそのような意図がない場合には正当な言論の自由の範囲内の行為であって，不当労働行為とならない。

3 組合に対して企業施設の利用を認めるか否かは使用者の自由であるから，複数組合の一方のみに事務所を貸与し，他方にはこれを認めなかったとしても，特段の事情のない限り，不当労働行為とならない。

4 同一企業内に複数の組合が併存する場合において，使用者が年末一時金の交渉に当たり双方の組合に同一の条件を提示し，一方の組合のみと妥結した場合でも，それが他方の組合の弱体化を意図する等不当な意図・態様のものでなければ，不当労働行為とはならない。

5 人事考課は労働者個々人の業績・貢献等を評価してなされるものであるから，それが労働者ごとに異なるのは当然であって，たまたまある組合に属する者のみが全体として著しく低い評価を受けていたとしても，そのことをもって直ちに不当労働行為とすることはできない。

••

解説

1 誤。「労働組合の正当な行為」といえるためには，労働条件の維持改善その他経済的地位の向上を目的とするものであって，自己の所属する組合の自主的・民主的運営を志向する意思表明行為であれば足りる（千代田化工建設事件，最判平 8.1.26）。したがって，組合の決定に基づかない行為であってもこれに該当しうる。

2 誤。不当労働行為としての支配介入が成立するには，使用者に支配介入の主観的認識ないし目的が存することは必要ではない（山岡内燃機事件，最判昭 29.5.28）。

3 誤。組合に企業施設の利用を認めるか否かは原則として使用者の自由であるが，企業内に複数組合が併存する場合には，使用者は中立保持義務を負うか

ら，特に一方の組合のみに事務所を貸与することは，合理的理由が存しない限り，他方の組合に対する支配介入となる（日産自動車事件，最判昭 60.4.23）。

4 妥当な記述である。使用者が複数組合に対して同一の条件を提示して交渉する場合であっても，それが一方の組合の弱体化等の不当な意図に基づくものであれば不当労働行為となりうるが，そのような意図がなければ，中立保持義務にも反せず，不当労働行為とならない（日本チバガイギー事件，最判平元.1.19参照）。

5 誤。人事考課（査定）における差別が不当労働行為となるかの判断は困難であるが，ある組合に所属する者のみが全体として著しく低い評価を受けているような場合に，不利益取扱いないし支配介入として，不当労働行為となるとした判例がある（紅屋商事事件，最判昭 61.1.24）。

解答　**4**

団体的労働関係

問題④　労働組合法に関する次の記述のうち最も妥当なのはどれか。

1 労働委員会には中央労働委員会と都道府県労働委員会とがあり，これらは使用者を代表する者，労働者を代表する者，公益を代表する者各同数をもって組織されている。また労働委員会の主要な権限の一つとして労働争議の斡旋，調停，および仲裁を行う権限がある。

2 使用者と労働組合との間に締結される労働協約に基づき，使用者が自己の雇用する労働者のうち労働組合に加入しない者および労働組合の組合員でなくなった者を解雇する義務を負う制度は，労働組合法ではチェックオフと定義されている。

3 労働組合法上使用者が労働組合の運営のための経費の支払いにつき経理上の援助を与える行為をしてはならないと規定されていることから，使用者が労働組合の厚生資金や福利基金に対して寄附したり，労働組合に最小限の広さといえども事務所を供与したりすることは，不当労働行為に当たる。

4 役員雇入れや解雇などに関して直接の権限を持つ監督的地位にある労働者その他使用者の利益を代表する者などの参加を許す労働組合であっても，労働者保護の観点から労働組合法に規定する手続きに参与する資格を有し，かつ同法に規定する不当労働行為の救済などの法的保護が享受できる。

5 労働組合法上，労働協約に定める労働条件その他の労働者の待遇に関する基準に違反する労働契約の部分は無効とし，この場合において無効となった部分は労働協約の基準の定めるところによると規定されているが，同法の規定においてこうした効力は「一般的拘束力」と呼ばれている。

．．．

解説

1 妥当な記述である。労働委員会は，使用者を代表する者（使用者委員），労働者を代表する者（労働者委員），公益を代表する者（公益委員）各同数で組織され（労組法19条1項），中央労働委員会と都道府県労働委員会がある（同条2項）。また，労働委員会は，不当労働行為事件の審査等をする権限や，労働争議の斡旋，調停，仲裁をする権限がある（同20条）。

2 誤。本肢の制度は「ユニオン・ショップ」と呼ばれており，労働組合法7条1号但書が根拠規定であると解されている。チェックオフとは，事業場の過半数労働組合と使用者間の労使協定に基づき，使用者が組合員である労働者の賃金から組合費を控除して，それらを一括して労働組合に引き渡すことである。

3 誤。「労働組合の運営のための経費の支払いにつき経理上の援助を与えること」は，不当労働行為の一つとして禁止されている（経理援助，同7条3号本文）。ただし，労働組合の厚生資金または福利基金に対する使用者の寄附および最小限の広さの事務所の供与は，不当労働行為に当たらないことが明示されている（同号但書）。

4 誤。「役員雇入れや解雇などに関して直接の権限を持つ監督的地位にある労働者その他使用者の利益を代表する者」（利益代表者）の参加を許している労働組合は，労働組合法上の「労働組合」から除外される（同2条但書1号）。よって，利益代表者の参加が許されている労働組合は，労働組合法に規定する手続きに参加する資格を持たず，不当労働行為の救済等の法的保護を受けることができない。

5 誤。本肢の効力は「規範的効力」と呼ばれている（同16条）。一般的拘束力とは，一つの工場事業場に常時使用される同種の労働者の4分の3以上の労働者が一つの労働協約の適用を受けるに至ったときに，当該工場事業場に使用される他の同種の労働者に関しても，当該労働協約が適用されるとする効力である（同17条）。

解答 **1**

6 労働委員会等

労働委員会は，適格組合かどうかの判断をしたり不当労働行為から労働者等を救済したりする機関です。公正中立な専門行政機関で，労使の利益を微妙に調和させるために裁判所と別個に設けられています。

1．労働委員会の組織

次の三者が各同数をもって組織する（労組法 19 条 1 項）。

① 使用者を代表する者（**使用者委員**）

② 労働者を代表する者（**労働者委員**）

③ 公益を代表する者（**公益委員**）

2．労働委員会の権限

労働委員会は次の権限を有する（労組法 20 条）。

① 労働組合の資格審査（同 5 条）

② 労働組合法 18 条による労働協約の拡張適用の決議

③ 不当労働行為事件の審査等（同 27 条〜 27 条の 18）

④ 労働争議の斡旋・調停・仲裁（同 20 条）

3．労働関係調整法の目的

労働関係調整法の目的は，労働組合法と相まって，労働関係の公平な調整を図ることと，労働争議を予防・解決し，産業の平和を維持することである（労調法 1 条）。

4. 労働争議

(1) 意 義

① 労働争議の意義

　労働関係の当事者間において，労働関係に関する主張が一致しないで，そのために争議行為が発生している状態または発生するおそれのある状態を**労働争議**という（労調法6条）。

② 争議行為の意義

　労働関係調整法にいう争議行為とは，同盟罷業，怠業，作業所閉鎖その他労働関係の当事者が，その主張を貫徹することを目的として行う行為およびこれに対抗する行為であって，業務の正常な運営を阻害するものをいう（同7条）。第4節で述べた争議行為の定義について通説が業務阻害を中核としているのは，本条をベースにしたものである。また，労働関係調整法にいう争議行為には，使用者の対抗行為（ロックアウト）も含まれる点については本条により明らかであるが，第4節の争議行為（憲法28条）にロックアウトが含まれるのは，衡平の原則から解釈論上認められるものである。

(2) 届出義務

　争議行為が生じたときには，その当事者は直ちにその旨を労働委員会または都道府県知事に届け出なければならない（労調法9条）。

(3) 労働委員会による労働争議の解決手段

① 斡旋

　労働委員会の会長の指名する斡旋員により，両当事者に対する紛争解決の援助（斡旋）が行われる手続きである（労調法13条）。これは最も簡易な手続きであり，当事者の一方または双方の斡旋の申請，もしくは職権（労働委員会の判断）によっても開始される（同12条1項）。

　斡旋は当事者に対する拘束力のあるものではなく，斡旋が開始された後でも，当事者はこれと異なる自主的解決をなすこともできる（同16条）。

②　調　停

　労働委員会に設けられる調停委員会が関係当事者から意見を徴して調停案を作成し，当事者に受諾を勧告する手続きである（同26条1項）。斡旋に比べて慎重な手続きであるが，やはり当事者に対する拘束力はない。

　これは当事者双方の申請により開始されるのが原則である（同18条1号）が，労働協約の定めがある場合（同条2号）や公益事業（同条3号）については一方の申請によっても開始でき，また，公益事業については職権による開始も認められる（同18条4号）。

③　仲　裁

　労働委員会に設けられる仲裁委員会が仲裁裁定を下す手続きである（同33条）。仲裁裁定は，当事者に対し，労働協約と同一の拘束力を有する（同34条）。

　当事者に対して拘束力を有する裁定を下す手続きであるから，原則として当事者双方の申請が必要であり（同30条1号），労働協約の定めに基づく場合に限り，一方の申請によっても開始できるが（同条2号），職権による開始（強制仲裁）は認められない。

（4）緊急調整

　事業の性質もしくは事件の規模から，争議行為による業務停止により国民経済の運行が著しく阻害されるか，または国民の日常生活を著しく危うくするおそれがあると認められる場合に，内閣総理大臣の決定によって開始されるものである（労調法35条の2）。

　この場合，中央労働委員会が他の案件に優先して事件の解決に当たる。方法は斡旋・調停が原則であり，仲裁は当事者の申請（同30条）のある場合に限られる（同35条の3第2項）。緊急調整が決定されると，当事者は決定公表の日から50日間は争議行為が禁止される（同38条）。

団体的労働関係

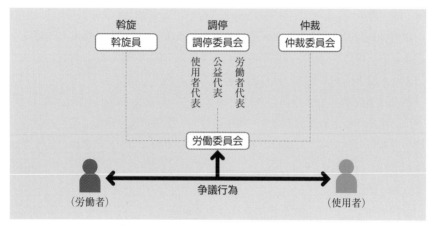

〈図5　労働委員会による解決の種類〉

∞∞∞∞ ポイント整理 ∞∞∞∞∞∞∞∞∞∞∞∞∞∞∞∞∞∞∞∞∞∞∞∞∞∞∞∞∞

1 労働委員会は，公正中立な専門行政機関であり，主として適格組合の
判断や不当労働行為事件の審査等をする権限を有する。

2 労働委員会は使用者を代表する者（使用者委員），労働者を代表する
者（労働者委員），公益を代表する者（公益委員）の三者が各同数をもっ
て組織する。

3 労働争議の原則的な解決方法としては，斡旋，調停，仲裁がある。

4 争議行為が生じたときには，当事者は直ちに届け出なければならない。

Exercise

問題①　労働委員会に関する次の記述のうち，妥当なものはどれか。

1 労働委員会は，裁判所の下位機関として労使間の調整を行う。

2 労働委員会の命令は確定的なものであり，いかなる場合も変更されない。

3 労働委員会は，労働者が解雇された場合に不当労働行為の救済として現職復帰を命じることはできるが，バックペイまで命じることはできない。

4 労働委員会は，使用者委員，労働者委員，公益委員の三者が各同数をもって組織する。

5 労働委員会が，使用者の行為の再発を抑制するために不当労働行為を行ったことを認め，これを謝罪し，今後これを繰り返さないことを誓うという旨の文書の事業場内への掲示を命じるいわゆるポスト・ノーティス命令をすることは，憲法 19 条の思想・良心の自由に反し許されない。

・・・

解説

1 誤。労働委員会は厚生労働大臣の所轄下（中労委），および都道府県知事の所轄下（地労委）に設けられる（労組法 19 条の 2，19 条の 12）。

2 誤。労働委員会の命令は，裁判所の判決（行政事件訴訟）によって支持されない場合には，変更を受けることがある。

3 誤。労働委員会は，労働者が解雇された場合に不当労働行為の救済としてバックペイ（賃金相当額の遡及払い）を命じることもできる。

4 妥当な記述である（同 19 条 1 項）。

5 誤。謝罪という文言を文章中に盛り込むことを内容とするポスト・ノーティス命令であっても憲法 19 条の思想・良心の自由に反せず許されるとされている（亮正会事件，最判平 2.3.6）。

解答　4

問題②　労働委員会に関する次の記述のうち，正しいものはどれか。

1 労働争議の調整機関は労働委員会に限られており，私人が調整を行うことは認められていない。

2 緊急調整とは，争議行為が国民生活に重大な影響を及ぼす場合，労働委員会の会長が行う調整手段である。

3 労働委員会の資格審査を受けていない労働組合であっても，労働委員会による争議行為の調整手続きを受けられる。

4 斡旋とは，労働委員会の会長が任意に行う調整手段である。

5 強制調停の場合の調停案は，当事者双方の受諾が強制されるので，労働協約と同一の効力を有する。

••

解説

1 誤。労働争議の調整機関は労働委員会に限られているわけではなく，私人でも行うことができる（ADR など）。

2 誤。緊急調整は重大な影響を及ぼす場合になされる調停であり，内閣総理大臣の決定に基づき中央労働委員会が行う（労調法 35 条の 2）。

3 妥当な記述である。労働委員会の調整手続きは労働争議の予防・解決のために行われるのであり（同 1 条），労働委員会の資格審査を受けていない労働組合であっても調整の手続きを受けることはできる。

4 誤。斡旋とは斡旋員によって事件を解決する手続きである（同 13 条）。

5 誤。調停案は受諾が勧告されるにすぎず（同 26 条 1 項），強制はされない。なお，強制調停とは労働争議の当事者の一方または双方の申請がないにもかかわらず開始される調停のことをいう（同 18 条 4 号～ 5 号）。

解答　3

問題③　労働争議の調停手続きに関する次の記述のうち，妥当なものはどれか。

1 調停は労働組合の行う争議に対してなされ，労働組合ではない一時的な団体である争議団による争議に対してはなされない。

2 調停は特別の調停委員会によってなされ，この特別の調停委員会は必ずしも三者構成をとることを要しない。

3 調停は政治ストのような違法な争議行為に対しては行われない。

団体的労働関係

4 調停は労使そろって申請した場合だけ開始され，一方当事者だけの申請では手続きは開始されない。

5 調停委員が示した調停案は，当然には当事者を拘束せず，関係当事者の双方が受諾した場合に当事者を拘束する。

・・・

解説

1 誤。調停は労働争議の状態にあればなされ（労調法6条参照），労働組合ではない一時的な団体である争議団による争議に対してもなされる。

2 誤。労働関係調整法は，労働委員会の労働争議の調停は，①使用者を代表する者（使用者委員），②労働者を代表する者（労働者委員），③公益を代表する者（公益委員）の三者をもって組織されると規定している（同19条）。

3 誤。調停は違法な争議行為に対しても行われる（同6条，7条参照）。

4 誤。調停は労使そろって申請した場合はもちろん（同18条1号），例えば労使協定の定めがあれば，一方当事者だけの申請でも手続きは開始される（同条2号）。

5 妥当な記述である。調停委員会は調停案を作成して当事者に受諾を勧告しうるにとどまり（同26条1項），当事者が受諾しない限り拘束力を生じない。

解答　5

索　引

判例等索引

202

MEMO

MEMO

本書の内容は、小社より2020年11月に刊行された
「公務員試験　過去問攻略Vテキスト　5　労働法」（ISBN：978-4-8132-8349-2）と
同一です。

こう む いん し けん　　か こ もんこうりゃくぶい　　　　　　　　　　　　　　　　ろうどうほう　　しんそうばん
公務員試験　過去問攻略Vテキスト　5　労働法　新装版

2020年1月15日　初　版　第1刷発行
2024年4月1日　新装版　第1刷発行

編　著　者　　Ｔ　Ａ　Ｃ　株　式　会　社
　　　　　　　　　　　　　　　　　（公務員講座）
発　行　者　　多　　田　　敏　　男
発　行　所　　ＴＡＣ株式会社　出版事業部
　　　　　　　　　　　　　　　　　（ＴＡＣ出版）
　　　　　　　〒101-8383
　　　　　　　東京都千代田区神田三崎町3-2-18
　　　　　　　電話　03（5276）9492（営業）
　　　　　　　FAX　03（5276）9674
　　　　　　　https://shuppan.tac-school.co.jp

印　　刷　　株式会社　ワ　コ　ー
製　　本　　東京美術紙工協業組合

© TAC 2024　　　Printed in Japan　　　ISBN 978-4-300-11145-1
　　　　　　　　　　　　　　　　　　　　N.D.C. 317

公務員講座のご案内

大卒レベルの公務員試験に強い！

2022年度 公務員試験

公務員講座生[1]
最終合格者延べ人数

5,314名

国家公務員（大卒程度）	計	**2,797**名
地方公務員（大卒程度）	計	**2,414**名
国立大学法人等	大卒レベル試験	61名
独立行政法人	大卒レベル試験	10名
その他公務員		32名

※1 公務員講座生とは公務員試験対策講座において、目標年度に合格するために
必要と考えられる、講義、演習、論文対策、面接対策等をパッケージ化したカリキュ
ラムの受講生です。単科講座や公開模試のみの受講生は含まれておりません。
※2 同一の方が複数の試験種に合格している場合は、それぞれの試験種に最終合格
者としてカウントしています。（実合格者数は2,843名です。）
＊2023年1月31日時点で、調査にご協力いただいた方の人数です。

1位 全国の公務員試験で合格者を輩出！

詳細は公務員講座（地方上級・国家一般職）パンフレットをご覧ください。

2022年度 国家総合職試験

公務員講座生[1]

最終合格者数 217名

法律区分	41名	経済区分	19名
政治・国際区分	76名	教養区分[2]	49名
院卒/行政区分	24名	その他区分	8名

※1 公務員講座生とは公務員試験対策講座において、目標年度に合格
するために必要と考えられる、講義、演習、論文対策、面接対策等を
パッケージ化したカリキュラムの受講生です。単科講座や公開模試
のみの受講生は含まれておりません。
※2 上記は2022年度目標の公務員講座最終合格者のほか、2023年
度目標公務員講座生の最終合格者40名が含まれています。
＊ 上記は2023年1月31日時点で調査にご協力いただいた方の人数です。

2022年度 外務省専門職試験

最終合格者総数55名のうち
54名がWセミナー講座生です。[1]

合格者占有率[2] **98.2%**

外交官を目指すなら、実績のWセミナー

※1 Wセミナー講座生とは、公務員試験対策講座において、目標年度に合格するため
に必要と考えられる、講義、演習、論文対策、面接対策等をパッケージ化したカリ
キュラムの受講生です。各種オプション講座や公開模試など、単科講座のみの受
講生は含まれておりません。また、Wセミナー講座生はそのボリュームから他校の
講座生と掛け持ちすることは困難です。
※2 合格者占有率は「Wセミナー講座生（※1）最終合格者総数」を、「外務省専門職採用
試験の最終合格者総数」で除して算出しています。また、算出した数字の小数点
第二位以下を四捨五入して表記しています。
＊ 上記は2022年10月10日時点で調査にご協力いただいた方の人数です。

Wセミナーはnihon TACのブランドです

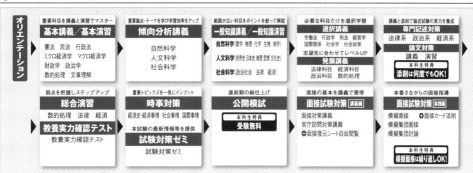

公務員講座のご案内

無料体験入学のご案内
3つの方法で**TAC**の講義が体験できる!

教室で体験
迫力の生講義に出席 予約不要! 最大3回連続出席OK!

1. 校舎と日時を決めて、当日TACの校舎へ
TACでは各校舎で毎月体験入学の日程を設けています。

2. オリエンテーションに参加(体験入学1回目)
初回講義「オリエンテーション」にご参加ください。体験入学ご参加の際に個別にご相談をお受けいたします。

3. 講義に出席(体験入学2・3回目)
引き続き、各科目の講義をご受講いただけます。参加者には体験用テキストをプレゼントいたします。

● 最大3回連続無料体験講義の日程はTACホームページと公務員講座パンフレットでご覧いただけます。
● 体験入学はお申込み予定の校舎に限らず、お好きな校舎でご利用いただけます。
● 4回目の講義前までにご入会手続きをしていただければ、カリキュラム通りに受講することができます。

※地方上級・国家一般職、理系(技術職)、警察・消防以外の講座では、最大2回連続体験入学を実施しています。また、心理職・福祉職はTAC動画チャンネルで体験講義を配信しています。
※体験入学1回目や2回目の後でもご入会手続きは可能です。「TACで受講しよう!」と思われたお好きなタイミングで、ご入会いただけます。

ビデオで体験
校舎のビデオブースで体験視聴

TAC各校のビデオブースで、講義を無料でご視聴いただけます。(要予約)

各校のビデオブースでお好きな講義を視聴できます。視聴前日までに視聴する校舎受付までお電話にてご予約をお願い致します。

ビデオブース利用時間 ※日曜日は④の時間帯はありません。
① 9:30 ～ 12:30 ② 12:30 ～ 15:30
③ 15:30 ～ 18:30 ④ 18:30 ～ 21:30

※受講可能な曜日・時間帯は一部校舎により異なります。
※年末年始・夏期休業・その他特別な休業以外は、通常平日・土日祝祭日にご覧いただけます。
※予約時にご希望日とご希望時間帯を合わせてお申込みください。
※基本講義の中からお好きな科目をご視聴いただけます。視聴できる科目は時期により異なります)
※TAC提携校での体験視聴につきましては、提携校各校へお問合せください。

Webで体験
スマートフォン・パソコンで講義を体験視聴

TACホームページの「TAC動画チャンネル」で無料体験講義を配信しています。時期に応じて多彩な講義がご覧いただけます。

TACホームページ https://www.tac-school.co.jp/

※体験講義は教室講義の一部を抜粋したものになります。

TAC出版 書籍のご案内

TAC出版では、資格の学校TAC各講座の定評ある執筆陣による資格試験の参考書をはじめ、資格取得者の開業法や仕事術、実務書、ビジネス書、一般書などを発行しています！

TAC出版の書籍

*一部書籍は、早稲田経営出版のブランドにて刊行しております。

資格・検定試験の受験対策書籍

- ✪日商簿記検定
- ✪建設業経理士
- ✪全経簿記上級
- ✪税 理 士
- ✪公認会計士
- ✪社会保険労務士
- ✪中小企業診断士
- ✪証券アナリスト

- ✪ファイナンシャルプランナー(FP)
- ✪証券外務員
- ✪貸金業務取扱主任者
- ✪不動産鑑定士
- ✪宅地建物取引士
- ✪賃貸不動産経営管理士
- ✪マンション管理士
- ✪管理業務主任者

- ✪司法書士
- ✪行政書士
- ✪司法試験
- ✪弁理士
- ✪公務員試験(大卒程度・高卒者)
- ✪情報処理試験
- ✪介護福祉士
- ✪ケアマネジャー
- ✪社会福祉士　ほか

実務書・ビジネス書

- ✪会計実務、税法、税務、経理
- ✪総務、労務、人事
- ✪ビジネススキル、マナー、就職、自己啓発
- ✪資格取得者の開業法、仕事術、営業術
- ✪翻訳ビジネス書

一般書・エンタメ書

- ✪ファッション
- ✪エッセイ、レシピ
- ✪スポーツ
- ✪旅行ガイド (おとな旅プレミアム/ハルカナ)
- ✪翻訳小説

公務員試験対策書籍のご案内

TAC出版の公務員試験対策書籍は、独学用、およびスクール学習の副教材として、各商品を取り揃えています。学習の各段階に対応していますので、あなたのステップに応じて、合格に向けてご活用ください!

INPUT

『みんなが欲しかった! 公務員 合格へのはじめの一歩』

A5判フルカラー
●本気でやさしい入門書
●公務員の "実際" をわかりやすく紹介したオリエンテーション
●学習内容がざっくりわかる入門講義

・数的処理(数的推理・判断推理・空間把握・資料解釈)
・法律科目(憲法・民法・行政法)
・経済科目(ミクロ経済学・マクロ経済学)

『みんなが欲しかった! 公務員 教科書&問題集』

A5判
●教科書と問題集が合体! でもセパレートできて学習に便利!
●「教科書」部分はフルカラー! 見やすく、わかりやすく、楽しく学習!

・憲法
・【刊行予定】民法、行政法

『新・まるごと講義生中継』

A5判
TAC公務員講座講師
郷原 豊茂 ほか
●TACのわかりやすい生講義を誌上で!
●初学者の科目導入に最適!
●豊富な図表で、理解度アップ!

・郷原豊茂の憲法
・郷原豊茂の民法Ⅰ
・郷原豊茂の民法Ⅱ
・新谷一郎の行政法

『まるごと講義生中継』

A5判
TAC公務員講座講師
渕元 哲 ほか
●TACのわかりやすい生講義を誌上で!
●初学者の科目導入に最適!

・郷原豊茂の刑法
・渕元哲の政治学
・渕元哲の行政学
・ミクロ経済学
・マクロ経済学
・関野喬のパターンでわかる数的推理
・関野喬のパターンでわかる判断整理
・関野喬のパターンでわかる空間把握・資料解釈

要点まとめ

『一般知識 出るとこチェック』

四六判
●知識のチェックや直前期の暗記に最適!
●豊富な図表とチェックテストでスピード学習!

・政治・経済
・思想・文学・芸術
・日本史・世界史
・地理
・数学・物理・化学
・生物・地学

記述式対策

『公務員試験論文答案集 専門記述』

A5判
公務員試験研究会
●公務員試験(地方上級ほか)の専門記述を攻略するための問題集
●過去問と新作問題で出題が予想されるテーマを完全網羅!

・憲法〈第2版〉
・行政法

書籍の正誤に関するご確認とお問合せについて

書籍の記載内容に誤りではないかと思われる箇所がございましたら、以下の手順にてご確認とお問合せをしてくださいますよう、お願い申し上げます。

なお、正誤のお問合せ以外の**書籍内容に関する解説および受験指導などは、一切行っておりません。**
そのようなお問合せにつきましては、お答えいたしかねますので、あらかじめご了承ください。

1 「Cyber Book Store」にて正誤表を確認する

TAC出版書籍販売サイト「Cyber Book Store」の
トップページ内「正誤表」コーナーにて、正誤表をご確認ください。

CYBER TAC出版書籍販売サイト
BOOK STORE

URL：https://bookstore.tac-school.co.jp/

2 **1**の正誤表がない、あるいは正誤表に該当箇所の記載がない ⇒ 下記①、②のどちらかの方法で文書にて問合せをする

★ご注意ください★

お電話でのお問合せは、お受けいたしません。

①、②のどちらの方法でも、お問合せの際には、「お名前」とともに、
「対象の書籍名（○級・第○回対策も含む）およびその版数（第○版・○○年度版など）」
「お問合せ該当箇所の頁数と行数」
「誤りと思われる記載」
「正しいとお考えになる記載とその根拠」
を明記してください。

なお、回答までに1週間前後を要する場合もございます。あらかじめご了承ください。

---

① ウェブページ「Cyber Book Store」内の「お問合せフォーム」より問合せをする

【お問合せフォームアドレス】

https://bookstore.tac-school.co.jp/inquiry/

---

② メールにより問合せをする

【メール宛先　TAC出版】

syuppan-h@tac-school.co.jp

※土日祝日はお問合せ対応をおこなっておりません。
※正誤のお問合せ対応は、該当書籍の改訂版刊行月末日までといたします。

乱丁・落丁による交換は、該当書籍の改訂版刊行月末日までといたします。なお、書籍の在庫状況等により、お受けできない場合もございます。
また、各種本試験の実施の延期、中止を理由とした本書の返品はお受けいたしません。返金もいたしかねますので、あらかじめご了承くださいますようお願い申し上げます。

(2022年7月現在)